Das Vastu-Praxisbuch

Marcus Schmieke

Das Vastu-Praxisbuch

108 Schritte zu mehr Wohn- und Lebensqualität

IIIIIIIIIIIIIIIIIIII **SILBERSCHNUR** IIIIIIIIIIIIIIIIIIII

Alle Rechte, auch die des auszugsweisen Nachdrucks, der fotomechanischen Wiedergabe, der Übersetzung und der Einspeicherung und Verarbeitung in elektronischen Systemen, vorbehalten.

© Verlag „Die Silberschnur" GmbH

ISBN 3-931 652-75-0

1. Auflage 1999

Druck: FINIDR

Verlag „Die Silberschnur" GmbH, Steinstraße 1, D-56593 Güllesheim

http://www.silberschnur.de
e-mail: info@silberschnur.de

Inhalt

Danksagung 7
Einleitung 9
Die moderne Form des Vastu 11
    Erst der Raum, dann die Dinge 11
    Der persönliche Aspekt des Vastu 12
    Die Metaphysik des Raumes 13
    Der Nullpunkt des Raumes im Nordosten 15
    Der schwere Gegenpol im Südwesten 17
    Der Raum als Lebewesen 19
    Allgemeine energetische Betrachtungen 21
    Die Gestaltung der einzelnen Räume 24
    Vastu für geschäftliche Zwecke 25
    Yantras als Energie-Werkzeuge im Haus 27
    Die Bedeutung der Elemente im Haus 28
    Woran erkennt man das Vorhandensein
    von Vastu-Problemen? 29
    Wie wirken sich Vastu-Probleme aus? 30
    Können Vastu-Defekte Krankheiten verursachen? 34

Das 108 Schritte Programm
    Anleitung für das 108-Schritte Programm 37
    Verzeichnis der Schritte 39
    Die Bestimmung der Himmelsrichtungen 45
    Die Bewertung des Grundstücks 54
        Der Nordosten 55
        Der Südwesten 58
        Die Nordwest-Südost-Achse 62
    Energien des Grundstücks 65
    Eingänge zu Haus und Grundstück 67
    Die Himmelsrichtungen im Gebäude 72
        Der Nordosten 72
        Der Südwesten 75
        Das Zentrum 79
        Der Südosten 80
        Der Nordwesten 82

Der Osten	84
Der Norden	86
Der Westen	88
Der Süden	90
Einflüsse der Planeten und der Elemente	92
Fenster	96
Innenausstattung des Hauses	98
Die Küche	104
Die Speisekammer	108
Farben im Haus	109
Kommerzielle Räume	112
Korrekturen mit Hilfe von Spiegeln	114
Was ist der nächste Schritt?	116
Vastu für ein neues Haus	117
Yantras im Haus	124
Yantras der neun Planeten	127
Yantra zu Richtungskorrektur	134
Spirituelle Yantras	139
Narasimha-Mars-Yantra	141
Narasimha-Yantra	143
Gayatri-Yantra	145
Allgemeine Merkregeln für Yantras	147
Die Anwendung von Yantras im Schlafbereich	148
Die Bestimmung der persönlich bevorzugten Himmelsrichtungen und eigenen Richtung	150
Der Einfluß der Planeten im Haus	156
Die Bedeutung von Bäumen im Vastu	162
Bestimmungen der ayurvedischen Konstitution	166
Schematische Musterbeispiele einiger Häuser	172
Ein modernes Vastu-Haus in Südindien	182
Der Neubau eines Wohnhauses bei Bremen	185
Überblick über die acht Himmelsrichtungen	192
Glossar der Sanskritbegriffe	197
Literaturverzeichnis	199
Über den Autor	202
Vasati-Dienstleistungen	203

Danksagung

Mein Dank gebührt all denen, die bei der Entstehung dieses Buches mitgewirkt haben. Insbesondere möchte ich mich bei Sibylla Huy für Ihren unermüdlichen Einsatz für einen besseren Ausdruck und inhaltliche Konsistenz, bei Ananda Caitanya Dasa für die Anfertigung der Grafiken und bei Anica und Madhavananda Dasa für den Beitrag einiger Yantras und inhaltlicher Anregungen bedanken.

Mein Dank gebührt auch Rainer Kröhne für das Korrekturlesen und Simone Sauthoff für ihre Beiträge zum Kapitel *Die Bedeutung von Bäumen im Vastu* und *Die Bestimmung der ayurvedischen Konstitution*.

Nicht zuletzt möchte ich Mohandas und Devarishi Dasa für ihre wertvollen Anregungen meinen Dank aussprechen.

Einleitung

Das Ziel dieses Buches ist es, Ihnen ein Programm an die Hand zu geben, mit dessen Hilfe Sie Ihr eigenes Haus nach Vastu korrigieren können, ohne, daß Sie selbst ein Experte in der Wissenschaft des Vastu werden müssen. Daher verzichtet das Buch darauf, die vorgeschlagenen Korrekturen und erwähnten Prinzipien wissenschaftlich und systematisch zu begründen und die tieferen Zusammenhänge und Gesetzmäßigkeiten des Vastu detailliert darzustellen.

Mit Hilfe der 108 Schritte können Sie einen Teil der Arbeit selbst verrichten, die ein ausgebildeter Vastu-Berater in ihrem Haus für viel Geld tun würde. Wenn Sie dieses Buch durchgearbeitet und zur Anwendung gebracht haben, sollte sich die Wohn- und Lebensqualität Ihres Hauses oder Ihrer Wohnung entscheidend verbessert haben.

Trotzdem werden durch die Herausgabe dieses Buches die Vastu-Berater nicht arbeitslos, da letztendlich das beste Buch nicht die Erfahrung, geschulte Intuition und das Wissen eines Menschen ersetzen kann.

Die Zusammenhänge des Vastu sind so fein und komplex, daß sicherlich einige davon durch das Raster dieses Buches hindurchfallen bzw. mit Hilfe der angegebenen Kriterien nicht erkannt werden können. Daher empfiehlt es sich in jedem Fall, die zusätzliche Hilfe eines erfahrenen Vastu-Beraters in Anspruch zu nehmen, wenn es um sehr dringende und wichtige Entscheidungen geht.

Mit diesem Buch haben Sie ein Werkzeug in der Hand, das sehr viel leisten kann, wenn Sie es sorgsam anwenden.

Ich wünsche Ihnen viel Freude beim Lesen und viel Erfolg beim „Gehen" der 108 Schritte.

Die moderne Form des Vastu

Dieses Buch vermittelt ein ganzheitliches Architekturkonzept, das auf der Grundlage des Vastu, der altindischen Wissenschaft des Bauens, für den Westen entwickelt wurde. Es überträgt das zeitlose Wissen des Vastu auf die Lebens- und Wohnverhältnisse des modernen europäischen Menschen, ohne dabei unnötige Kompromisse einzugehen. Dabei werden die unterschiedlichen klimatischen, sozialen und kulturellen Unterschiede zwischen Indien und Europa berücksichtigt.

Vastu gründet auf ewigen Naturgesetzen, nach denen in Indien seit Jahrtausenden Häuser, Tempel und ganze Städte gebaut werden. Die Weisen des alten Indien glaubten, daß die Gestaltung des Wohnraums den Menschen und sein Schicksal wesentlich beeinflußt. Die Erfahrung von Generationen vedischer Architekten und Baumeister hat diese Ansicht weiter bekräftigt und mit zusätzlichen Erkenntnissen angereichert. Da die Tradition des Vastu bis zum heutigen Zeitpunkt in Indien lebendig geblieben ist, bietet sie die derzeit fundierteste Wissenschaft der Architektur in Beziehung zum Menschen.

Vastu sieht das Haus als einen Mikrokosmos an, der all die Energien und Kräfte beinhaltet, die auch im Universum wirksam sind. Es wirkt wie eine Linse, welche die Kräfte von Natur und Kosmos auf seine Bewohner fokussiert und so den Menschen mit seiner Umgebung verbindet. Je nach der Beschaffenheit der Linse fördern diese Kräfte die Entwicklung der Menschen oder behindern sie. Da jeder Mensch einzigartig ist, geht Vastu bei der Gestaltung des Wohnraums individuell vor. Die zeitlosen Naturgesetze der vedischen Architektur müssen mit dem einzelnen Menschen persönlich in Beziehung gesetzt werden, um für ihn einen harmonischen Raum zu schaffen.

Erst der Raum, dann die Dinge

Die wichtigste Erkenntnis, die Vastu vermittelt, besteht darin, daß wir unsere Wahrnehmung verändern müssen. Während wir es als abendländisch geprägte Menschen gewohnt sind, unsere Wahrnehmung und Aufmerksamkeit zunächst auf die Objekte zu richten, verlangt Vastu von uns, erst den Raum zu sehen. Hören wir das Wort *Küche*, so denken wir sofort an einen Herd, eine Spüle, Arbeitsplatten, Schränke, Tische usw. und vergessen dabei, daß die Küche zunächst einmal ein Raum ist, der sich in seiner Qualität von anderen Räumen unterscheidet. Der Raum einer Küche hat eine andere Energie als der eines Wohn- oder Schlafzimmers. Diese Energie ist mit dem Raum identisch, den sie erfüllt. In Indien fällt diese Sichtweise leichter, weil die Möblierung im Allgemeinen recht einfach ist. Da die Inder häufig ohne Stühle und Tische auskommen und ihre Tätigkeiten vorwiegend am Boden ausführen, tritt der Raum stärker ins Bewußtsein und seine Energie wird deutlicher wahrnehmbar.

Nach der Philosophie des Vastu besteht eine enge Beziehung zwischen Raum und Bewußtsein. Der Raum reflektiert das Bewußtsein des Menschen und ist gleichzeitig ein Abbild der kosmischen Energien. Im Raum kommt es zu einer Verbindung zwischen Geist und Kosmos. Dies gilt insbesondere für den Raum, den sich der Mensch durch Architektur selbst schafft. Dieser ist ein kreativ gestalteter Raum, in dem der Mensch seine Individualität vor der Natur behauptet, ohne sich von ihr abzugrenzen.

Der persönliche Aspekt des Vastu

Der erste Schritt im Vastu besteht darin, für den Raum und seine Energien sensibel zu werden. Meine eigenen Erfahrungen haben mir diese Lektion erteilt, als wir vor einiger Zeit den Standort der Veda-Akademie aus der Schwäbischen Alb in die Sächsische Schweiz verlegten. Unser neues Zuhause weist, obwohl es vor ca. 100 Jahren ohne Wissen dieser Prinzipien erbaut wurde, gute Vastu-Eigenschaften auf. So wählte ich mir zunächst den Grundsätzen des Vastu entsprechend zwei Räume im Süden und Südosten des ersten Stockwerks als Büro und Wohn- bzw. Schlafzimmer aus, an die auch ein kleines Badezimmer angrenzte. Der Süden eignet sich gemäß Vastu gut als Schlafzimmer und der Südosten kann als Büro genutzt werden. Weiterhin erschien mir das angrenzende Badezimmer praktisch zu sein. Nach einigen Monaten wurde es jedoch immer deutlicher, daß etwas nicht stimmte. Obwohl die Räume praktisch und schön eingerichtet waren, fand ich dort kaum Ruhe, um zu arbeiten oder mich zu entspannen. Da brachte eine gründliche Vastu-Analyse neue Erkenntnisse. Zwar waren

Lage und Funktion der Räume gut aufeinander abgestimmt, doch paßte die Energie, die ich in sie hinein trug, nicht dazu.

Hierzu muß man wissen, daß der Südosten im Vastu dem Element Feuer und dem Planeten Venus zugeordnet wird, während der Süden unter der Herrschaft von Mars steht. Da der Mars in meinem Geburtshoroskop generell eine dominierende Position einnimmt und auch das Element Feuer sowohl in meiner ayurvedischen Konstitution (pitta) als auch in meinem Geburtshoroskop sehr dominant ist, wurde dieser Einfluß durch die Wahl meiner Räume überbetont. Hinzu kommt noch, daß der Ort, an dem die Gebäude der Veda-Akademie stehen, an sich schon ein von Mars beherrschter Ort ist und ich mich derzeit auch in einer astrologischen Marsphase befand.

So entschied ich mich, in einen großen Raum des gleichen Stockwerks im Westen umzuziehen. Der Westen verbindet nach der Auffassung des Vastu einige Eigenschaften, die mir in dieser Situation von Vorteil sein konnten. Der Westen ist dem Element Wasser zugeordnet und hat einen eher schweren und ruhigen Charakter. Im Südwesten befindet sich die Energie des Erdelements, die auch im Westen noch spürbar ist. Der Westen verkörpert Ruhe und Wohlstand und fördert sowohl künstlerische als auch kreative intellektuelle Tätigkeiten. Er ist der ideale Raum für Kinder. Im Westen herrscht der Saturn, doch in ihm verbinden sich gleichzeitig die positiven Einflüsse von Jupiter, Venus, Mars und Mond, um ihn zum idealen Ort für ein Studierzimmer zu machen. Schon kurze Zeit nach meinem Umzug fiel einigen Mitbewohnern und nicht zuletzt mir selbst auf, daß ich mich entsprechend der neuen Raumenergie deutlich verändert hatte, viel ruhiger wurde und mich endlich wieder wohl fühlte. Berufliche Schwierigkeiten, wie sie typisch für die Phase vor meinem Umzug waren, sind seither nicht wieder aufgetreten.

Dieses Beispiel macht deutlich, wie allgemeingültige und persönliche Faktoren im Vastu miteinander verbunden werden müssen.

Die Metaphysik des Raumes

Die wichtigsten Einflüsse im Vastu, die die Qualität des Raumes prägen, sind die fünf Elemente, die Planeten und die naturgegebenen Einflüsse von Bergen, Flüssen, Seen usw. Naturgegebene Umstände üben

Die moderne Form des Vastu

generell eine stärkere Wirkung aus, als von Menschen geschaffene Einflüsse. So hat beispielsweise ein natürlich vorhandenes Gefälle eine stärkere Wirkung als ein Gefälle, das nachträglich mit künstlichen Mitteln geschaffen wird.

Der Raum besitzt ursprünglich keine Form. Nimmt er Form an, so manifestiert sich aus dem Raum die Materie in Form von Elementarteilchen, Atomen, Häusern, Planeten usw. Die erste Form, die der Raum annimmt, ist nach Vastu das Quadrat, in dem die schöpferischen Energien im vollkommenen Gleichgewicht stehen. Interessanterweise entspricht diese jahrtausendealte Vorstellung den Erkenntnissen der modernen Physik. In der Quantenfeldtheorie des deutschen Physikers Burkhard Heim, wird die sechsdimensionale Raumzeit ebenfalls als ein Gitter angesehen, dessen Elementarzelle das zweidimensionale Quadrat ist. Burkhard Heim bezeichnet es als *Metron*, die Urzelle des Raumes. In der vedischen Philosophie wird dieses winzige *Metron* als *Bindu* bezeichnet. Man kann es als den „zweidimensionalen Punkt" ansehen, von dem aus die Schöpfung ihren Anfang nimmt. Es ist ein infinitesimales Quadrat, das aus der Entfernung betrachtet wie ein Punkt aussieht.

Abbildung 1: Vastupurusha Mandala

Der Nullpunkt des Raumes in Nordosten

Legt man das Quadrat parallel zu den Himmelsrichtungen, so bildet sich in ihm ein Energiefeld aus, das im Vastu in Form eines Mandalas dargestellt wird.

Es wird als *Vastupurusha Mandala* bezeichnet und bildet die Grundmatrix eines jeden Grundstücks, Gebäudes oder Hauses. Am wichtigsten sind hierin die Ecken, in denen sich je zwei Himmelsrichtungen miteinander in einem rechten Winkel verbinden. Diese Ecken sind Orte konzentrierter Energien voll Spannung und Dynamik und entwickeln jeweils die Energie eines der vier Hauptelemente (Erde, Wasser, Feuer und Luft).

Der Nullpunkt des Raumes im Nordosten

Der Nordosten ist der Nullpunkt des Vastu. Von dort nehmen alle Energien im Raum ihren Anfang. Er verkörpert den bewußten Raum und steht für Freiheit, Reinheit, Offenheit und spirituelle Wahrnehmung. Der Nordosten ist ein idealer Ort für Wasser allgemein, für Brunnen, Teiche, Trinkwasser usw. Er sollte nicht mit großen, schweren oder unreinen Dingen belastet werden. Die enge Verbindung von Wasser und Äther kommt hier zum Ausdruck. Schon Viktor Schauberger bezeichnete das Wasser als die Erstgeburt des Lebens und auch in der modernen Wissenschaft erweist sich das Wasser mehr und mehr als ausgezeichneter Informationsspeicher und Geheimnisträger des Lebens.

Vom Nordosten ausgehend bauen sich die positiven Energien des Raumes auf. Möchte man nur ein Prinzip des Vastu zur Anwendung bringen, so sollte man hiermit beginnen. Der Nordosten sollte frei sein, so daß sich seine typischen aufsteigenden, erhebenden Energien manifestieren können. Diese stehen dann den Bewohnern für förderliche Tätigkeiten und vor allem für ihre geistige Entwicklung zur Verfügung. Aus diesem Bereich sollten Müll, schmutziges Wasser, schwere und hohe Gegenstände entfernt werden. Es empfiehlt sich, diesen Schritt in jedem Raum durchzuführen. Auch auf dem Grundstück sollte man hier Platz und Ordnung schaffen.

Verletzungen der Vastu-Prinzipien in diesem störungsanfälligen Bereich des Nordostens zeigen erfahrungsgemäß eine sehr starke Wirkung, besonders wenn der Südwesten ebenfalls schwach ist und kein

Die moderne Form des Vastu

Ausgleich geschaffen wird. Im Allgemeinen wirkt sich ein einzelner Defekt im Vasasti nicht automatisch und unmittelbar aus. Es bedarf weiterer Defekte in anderen Bereichen des Hauses, die einander verstärken, so daß von einem wirksamen Defekt gesprochen werden kann. Man sollte prüfen, ob ein bestimmter Defekt tatsächlich zur Auswirkung kommt, oder ob er durch positive Gegengewichte ausreichend kompensiert ist.

Zwei Beispiele aus meiner Erfahrung können dies bestätigen und darüber hinaus zeigen, wie mit Vastu Zusammenhänge zwischen der Gestaltung des Wohnraums und dem Schicksal seiner Bewohner erkannt werden können.

Vor einigen Monaten besuchte ich ein größeres Projekt in Süddeutschland. Obwohl das Anwesen, das mehrere renovierte Gebäude einer alten Mühle umfaßt, dem Vastu entsprechend gute Rahmenbedingungen aufweist, fiel mir sofort ein schwerwiegender Fehler auf. Das Hauptgebäude, das nach Süden ausgerichtet ist, besitzt im Nordosten einen hölzernen Anbau. Grundsätzlich ist ein Anbau im Nordosten vorteilhaft. Er kann als Meditationsraum oder Altarraum genutzt werden. In diesem Anbau wurde jedoch Müll gesammelt.

Danach prüfte ich die entgegengesetzte Richtung, den Südwesten, der nach Vastu am besten schwer und geschlossen gehalten wird. Bei diesem Anwesen ist er jedoch weiträumig und offen, sogar die Einfahrt zum Grundstück befindet sich hier. Daher sind aus dieser Richtung gravierende Störeinflüsse zu erwarten. Als ich mich nach der Vorgeschichte dieses Projekts erkundigte, erfuhr ich, daß der Chef wenige Jahre, nachdem er das Anwesen erworben hatte verstorben war und daß die Bewohner sich nach seinem Tod zerstritten hatten und das Anwesen verkaufen mußten. Außerdem berichtete man mir besorgt, daß sich auch jetzt schon wieder Störungen manifestierten, die deutliche Parallelen zum Schicksal der Vorgänger aufwiesen. Daher riet ich den Bewohnern, dringend als erste Maßnahme im Nordosten für Reinheit zu sorgen. In einem zweiten Schritt sollte der Süden und Südwesten des Haupthauses abgeschirmt werden. Nachdem der Müll aus dem Nordosten entfernt und dieser für andere Zwecke reserviert wurde, änderte sich das Schicksal des Projekts zum Positiven und ein Teil der bisherigen Probleme löste sich auf.

Eine sehr positive Entwicklung nahm auch die Situation für die Bewohner einer Villa in Süddeutschland. Im Nordosten des Gebäudes

Der schwere Gegenpol im Südwesten

befand sich ein kleines Schwimmbad mit einer angrenzenden Toilette in der nordöstlichsten Ecke des Nordostens. Neben vielen kleinen Korrekturen, die ohne große Kosten durchzuführen waren, wurde diese Toilette geschlossen und demontiert. Die Bewohner, ein wohlhabendes Ehepaar, erfuhren seitdem eine Verbesserung ihrer Wohn- und Lebensqualität, die sie vorher kaum für möglich gehalten hatten.

Der schwere Gegenpol im Südwesten

Dem Nordosten diagonal gegenüber liegt der Südwesten. Im Gegensatz zu dem Nordosten, dessen Eigenschaften leicht, rein und offen sind, sollte der Südwesten schwer und geschlossen gehalten werden und kann auch Abstellräume und Müll beherbergen. Vom Südwesten können negative Energien in das Grundstück bzw. das Gebäude eindringen und sich von dort aus in andere Richtungen ausbreiten. Ein entsprechendes Gewicht in dieser Himmelsrichtung würde dem entgegenwirken. Um die einflußreichen Energien aus dieser Richtung positiv zu nutzen, sollte sich das Büro des Chefs eines Geschäftshauses oder aber das Arbeits- bzw. Schlafzimmer des Familienoberhauptes eines Wohnhauses im Südwesten befinden.

Ein anschauliches Beispiel für Probleme, die aus einer falschen Nutzung des Südwestens resultieren, ist ein Zweifamilienhaus im Schwarzwald, in das ich eingeladen wurde, um es nach Vastu zu beurteilen. Das Haus liegt an einer T-Kreuzung, bei der die Straße direkt auf den Haupteingang zuläuft. Es heißt im Vastu, daß in einem solchen Haus alles entzwei geht. Ein Vastu-Defekt kann sich tatsächlich nur dann auswirken, wenn weitere Defekte im Haus auftreten, die dann allerdings eine Art Kettenreaktion auslösen können. Zunächst einmal positiv zu bewerten war der Haupteingang des Hauses, der der Straße zugewandt ist und sich im Osten befindet. Problematisch ist jedoch die Südseite, die von einem großen Wohnzimmer eingenommen wird. Obwohl der Süden in unseren Breitengraden wegen seiner sonnigen Qualitäten sehr geschätzt wird, sollte er nach Vastu nicht vollständig geöffnet oder, wie in diesem Beispiel, als großflächiges Wohnzimmer genutzt werden. Im Südwesten dieses Raumes stand außerdem das Bett der kleinen Tochter, dem einzigen Kind der Familie. An diesem Ort sollte sich nach Vastu eher das Schlafzimmer des Familienoberhaupts

Die moderne Form des Vastu

oder der Eltern befinden. Es war daher zu erwarten, daß dieses Mädchen in der Beziehung zu ihren Eltern eine sehr beherrschende Rolle spielen würde und die Ursache für Probleme darstellen könnte. Die Störung in dieser Himmelsrichtung wurde zusätzlich dadurch verstärkt, daß sowohl das Büro als auch das Schlafzimmer des Vaters im Nordosten des Erdgeschosses eingerichtet waren. So verstärkten all diese Faktoren den schon durch die Straßenlage gegebenen Defekt und innerhalb von ein paar Monaten nach Einzug in dieses Haus gingen zwei Ehen entzwei.

Vastu-Defekte im Bereich der Nordost-Südwest-Achse können sich auch in ganz anderer Weise auswirken. Bei einem Geschäftshaus in der Nähe von Hamburg fiel mir zunächst ein Kosmetiksalon auf, der nach Vastu im Südwesten ungünstig gelegen ist. Dennoch erklärte mir der Eigentümer des Geschäftshauses, daß sich dieser Kosmetiksalon innerhalb weniger Jahre zum erfolgreichsten der ganzen Stadt entwickelt habe. Dies ist jedoch nicht überraschend, da die Einflüsse aus dem Südwesten oft eine dominierende Natur entwickeln, die leicht für Spannungen sorgen können. Tatsächlich bestätigte mir der Eigentümer, daß sich Konflikte in diesem Zusammenhang schon abzeichneten.

Die weitere Untersuchung ergab, daß auch hier die falsche Nutzung des Südwestens im Nordosten ihr Pendant hatte. Der Chef des Hauses hatte dort sein Büro und arbeitete mit dem Gesicht Richtung Süden. Abgesehen davon, daß man besser Richtung Osten oder Norden arbeiten sollte, ist der Nordosten der am wenigsten geeignetste Ort für einen so wichtigen Raum wie das Chefbüro. In diesem Fall hatte der Chef vom Nordosten aus die schlechtesten Voraussetzungen um den Expansionsbestrebungen des Kosmetiksalons entgegenzuwirken.

Ich riet dem Besitzer, zunächst den Nordosten angemessen zu nutzen, d.h. ihn beispielsweise als einen Raum der Entspannung einzurichten und gleichzeitig das Chefbüro in den Südwesten oder Südosten zu verlegen.

Der Südwesten ist prinzipiell für bewegliche Dinge nicht geeignet. Autos bzw. Garagen sollten daher nicht im Südwesten untergebracht werden. Bei einem meiner Seminare teilte ich einem Teilnehmer schon nach Betrachten seines Wohnungsgrundrisses mögliche Schwierigkeiten mit seinem Auto mit. Der überraschte Seminarteilnehmer, selbst ein Feng Shui Lehrer, konnte tatsächlich von einer langen Geschichte mit nicht bzw. schlecht anspringenden Autos erzählen.

Der Raum als Lebewesen

Das sich auf einem Grundstück bzw. in einem Haus aufbauende Energiefeld wird im Sanskrit als *vastu* bezeichnet und stellt einen bewußten Raum dar, der in der vedischen Gedankenwelt als Halbgott aufgefaßt wird. Dieses Lebewesen wird als *Vastupurusha* bezeichnet und liegt mit seinem Kopf in Richtung Nordosten und seinen Füßen im Südwesten. Die Südwest-Nordost Diagonale ist im Vastu von zentraler Bedeutung. Seine wichtigsten Energiezentren bzw. Chakren liegen auf dieser Diagonalen und bilden die energetischen Hauptzentren des sich im Haus ausbildenden Energiefeldes.

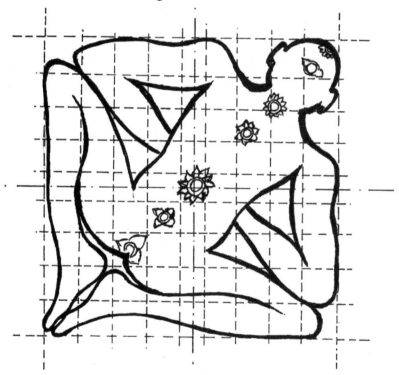

Abbildung 2: Vastupurusha mit Chakren

Die moderne Form des Vastu

Bei einem meiner Seminare zeigte ich dieses Mandala einem hellsichtigen Heiler und bat ihn darum, das von ihm wahrgenommene Energiefeld zu beschreiben. Obwohl er das *Vastumandala* nicht kannte, bestätigte er die Energieverhältnisse in Übereinstimmung mit den Jahrtausende alten Überlieferungen des Vastu. Das zeigt, daß die Zuordnungen des Mandalas mehr sind als überlieferte Symbole.

Er identifizierte im Zentrum des Mandalas, das dem Nabel des *Vastupurusha* entspricht, einen starken Wirbel, durch den kosmische Energie in das Quadrat einströmt. Diese fließt von dort in Richtung Nordosten, zum Kopf des *Vastupurushas*, um dort wieder aufzusteigen. Die Energien, die in den Südwesten fließen, drücken im Gegensatz hierzu nach unten. Sie binden an die Erde und stellen das Fundament dar, das Stabilität und die Verbundenheit mit der Materie schafft. Insgesamt gesehen bildet das Mandala einen Energiewirbel aus, dessen Hauptpolarität auf der Nordost-Südwest-Achse liegt und der eine zweite Polarität auf der Südost-Nordwest-Diagonalen enthält. Der Südosten repräsentiert das Feuerelement und dynamische Energie, während der Nordwesten das Prinzip der Bewegung und des Austausches verkörpert und dem Luftelement zugeordnet werden kann. Die beiden Elemente Feuer und Luft bedingen einander, da das Feuer ohne Luft nicht brennt und die Luft ohne die Energie des Feuers sich nicht bewegt.

Der Südosten ist mit der Leber des *Vastupurushas* verbunden, die in dieser Richtung liegt. Er eignet sich am besten für die Küche, während der Nordwesten mit dem Magen in Beziehung steht. Im Nordwesten richtet man daher vorzugsweise eine Speisekammer ein, doch auch ein Gästezimmer oder ein Büro finden dort einen guten Platz.

Die Chakren des *Vastupurushas* bilden energetisch sehr sensible Punkte. Es ist gut, diese Punkte auf seinem Grundstück bzw. im Haus zu erspüren, ihre Energie wahrzunehmen und sie entsprechend zu gestalten und zu nutzen. Kann sich deren Energie im Haus entfalten oder bestehen bei einigen dieser Punkte Blockaden? Solche Blockaden können beispielsweise entstehen, wenn die mit den jeweiligen Chakren verbundenen Räume falsch genutzt werden, das Gewicht des Hauses falsch verteilt ist oder die Bewohner des Hauses nicht mit den vorhandenen Energien harmonieren. Viele dieser Zusammenhänge können hier nur angedeutet werden und bedürfen einer eingehenden individuellen Behandlung.

Allgemeine energetische Betrachtungen

Durch die Begrenzung eines Grundstücks, sei diese durch Mauern, Zäune oder rein juristisch gegeben, entsteht ein Feld feinstofflicher Energien, das im Sanskrit als *vastu* bezeichnet wird. Im Vastu geht man davon aus, daß das Quadrat die ideale Form ist, in der sich ein Energiefeld harmonisch ausbilden kann.

Das sich in einem solchen quadratischen Grundstück ausbildende Energiefeld wird durch die von Südost nach Nordwest verlaufende Diagonale in zwei Bereiche geteilt. Der obere Bereich (Norden und Osten) besitzt positive Energie, während die Energie des unteren Bereichs (Süden und Westen) als negativ angesehen wird. Dies ist eine sehr grobe Einteilung, und läßt sich beliebig verfeinern.

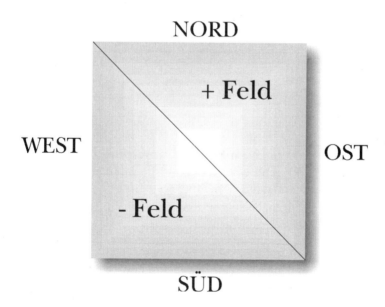

Abbildung 3: Positiver und negativer Bereich des *vastu*-Energiefeldes

Die südöstliche und nordwestliche Ecke fungieren hierbei als eine Art Interface zwischen den Bereichen positiver und negativer Energien. In diesen Ecken residieren die beiden dynamischen Elemente Feuer (Südosten) und Luft (Nordwesten).

Die moderne Form des Vastu

In den späten Siebziger Jahren entdeckte der deutsche Wissenschaftler Hartmann, daß die gesamte Erde von einem Netz feinstofflicher Energielinien überzogen ist. Innerhalb dieses Netzes fließt die Energie aus dem Osten in Richtung Westen und aus dem Norden in Richtung Süden, so daß der Nordosten als der Punkt eines Vastu-Quadrates bezeichnet werden kann, durch den die Energien in den Raum einfließen, während sie im Südwesten austreten. Der Nordosten wirkt wie eine Antenne, die Energie aus der Umgebung aufnimmt. Diese Fähigkeit wird noch verstärkt, wenn sich dort ein Wasserbehälter befindet.

Ein Quadrat bildet ein harmonisches Feld, dessen positive und negative Energien sich in einem Gleichgewicht befinden. Der Energiefluß aus dem Nordosten in den Südwesten verläuft in zwei Strömen. Der obere fließt über den Nordwesten und der untere über den Südosten. Im Zentrum ist die Energieflußdichte geringer. Dort geschieht parallel zu dem beschriebenen horizontalen Energiefluß ein vertikaler Austausch mit den kosmischen Energien. Für den vertikalen Energiefluß gelten die folgenden einfachen Regeln:

- Eine Vertiefung erhöht das Energiepotential eines bestimmten Sektors.
- Gewichte verringern das Energiepotential eines Sektors.
- Eine Wasserquelle in einem Sektor positiver Energie erhöht dessen Energiepotential, während eine solche Quelle in einem Sektor negativer Energie das Potential dieses Sektors erniedrigt.
- Je stärker ein bestimmter Sektor durch ein Dach bedeckt wird, desto mehr wird sein Potential verringert.

An den Stellen, an denen Energie aus einem negativen in einen positiven Bereich fließt, kommt es zu Wechselwirkungen, durch die Bioenergie (*prana*) freigesetzt wird. Daher sind der Nordwesten und der Südosten energetisch sehr lebendige Bereiche, an denen Tätigkeiten ausgeführt werden sollten, die sehr viel Energie benötigen. Die Energie des Südostens wird in Wärme umgewandelt und eignet sich am besten zum Energetisieren der Nahrung, während die Energie des Nordwestens in kinetische Energie umgewandelt wird und alle Arten von Bewegung, Kommunikation und Wachstum unterstützt.

Allgemeine energetische Betrachtungen

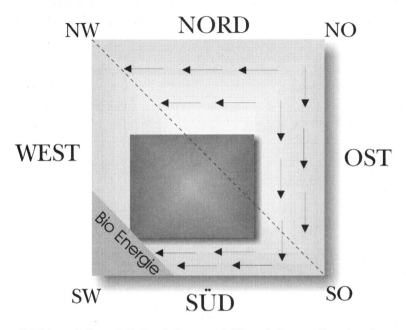

Abbildung 4: Energiefluß auf einem nach Vastu bebauten Grundstück

Diese Abbildung zeigt die im Vastu ideale Situation, daß der Schwerpunkt des bebauten Bereichs möglichst weit in Richtung Südwesten verlagert wird. Dadurch wird ein großer Teil des Bereichs negativer Energien bedeckt und beschwert, so daß seine Energie verringert wird. Gleichzeitig liegt der Nordosten tiefer als der Südwesten, so daß die positiven Energien im Nordosten weiter erhöht werden. Dadurch kommt es zu einem starken Fluß positiver Energien aus dem Nordosten in Richtung Südwesten, die im Bereich negativer Energien kein starkes Feld zur Kompensation antreffen. In einem solchen Fall erfüllen die positiven Energien das gesamte Grundstück. Das sich ausbildende positive Energiefeld fördert die Freude, Harmonie, den Schutz und den Wohlstand der Bewohner eines solchen Grundstücks.

Aus diesen allgemeingültigen Zusammenhängen lassen sich wichtige Schlußfolgerungen für die naturrichtige Gestaltung eines Grundstücks ableiten:

Die moderne Form des Vastu

- Schwere Gewichte im Südwesten verringern die Intensität der dort befindlichen negativen Felder.
- Ebenso wird die Intensität der negativen Felder reduziert, wenn der Südwesten bedeckt wird. Daher sollten die Gebäude möglichst in den Südwesten gelegt werden.
- Durch offenen und unbebauten Raum im Nordosten werden die positiven Energien dieses Bereiches gefördert.
- Wasserquellen und Wasserbehälter im Nordosten erhöhen die Absorptionsfähigkeit positiver Energien aus der Atmosphäre. Daher sollten Wasserarrangierungen, Teiche und Brunnen möglichst im Nordosten eingerichtet werden.
- Im Zentrum des Grundstücks sollten ebenfalls keine schweren Gebäudeteile konstruiert werden. Am besten gestaltet man diesen Bereich nach oben offen.

Die Gestaltung der einzelnen Räume

Im folgenden möchte ich anhand zweier Beispiele zeigen, wie die Prinzipien des Vastu helfen, das Innere von Räumen zu gestalten.

Jeder Raum eines Hauses repräsentiert den kosmischen Raum und vereinigt in sich all die Energien, die im Universum wirksam sind. Im Vastu geht es darum, sowohl die Harmonie zwischen den einzelnen Räumen, als auch innerhalb der einzelnen Räume herbeizuführen.

So ist beispielsweise im Südosten der Küche das Element Feuer vorherrschend. Dieser Bereich der Küche ist der beste Ort für den Herd. Das Element Wasser steht mit dem Feuer in einer sehr dynamischen Beziehung. Mit ihm verbundene Dinge sollten hiervon getrennt vorwiegend im Nordosten oder Westen untergebracht werden. Auch für die Spüle bildet der Nordosten der Küche den idealen Ort. Besitzt der Fußboden der Küche ein leichtes Gefälle in Richtung Nordosten, so kann das Wasser auf dem Boden in dieser Richtung abfließen, was sehr vorteilhaft ist. Durch diese Arrangierungen wird dafür gesorgt, daß die beiden für die Küche so wichtigen Elemente Wasser und Erde optimal funktionieren. Der Koch sollte beim Zubereiten der Nahrung in Richtung Osten schauen. Es ist von Vorteil, in der Küche ein Fenster im Osten zu haben. Der Nordwesten ist der geeignete Platz für den Kühlschrank, während für schwere Schränke mit Töpfen und Geschirr der Südwesten der Küche am besten geeignet ist. Ein Eßtisch wäre, falls erwünscht, im Westen der Küche aufzustellen. Die Tür befindet sich am besten im Norden, jedoch auf keinen Fall direkt gegenüber dem Herd, da sonst Gefahren angezogen werden. Es sollten in der Küche möglichst keine größeren Mengen an Lebensmitteln, vor allem kein Getreide, gelagert werden. Hierfür empfiehlt sich ein separater Raum als Speisekammer im Süden oder im Westen des Hauses.

Im Lagerraum für Lebensmittel gehören die schweren Jahresvorräte in den Südwesten, die Lebensmittel für den täglichen Gebrauch in den Nordwesten und brennbare Materialien wie Öle, Butter, Gas usw. in den Südosten. Im Nordosten des Raumes sollte immer ein Behälter mit frischem Trinkwasser stehen, wobei darauf zu achten ist, daß sich die Vorratsbehälter nicht vollständig leeren, so daß ein kontinuierlicher Energiefluß gewährleistet ist. Der ideale Platz für die Vorratskammer ist der Nordwesten, wo sich die vorteilhaften Einflüsse von Saturn und Mond mit der Energie des Luftelements verbinden, die für die Nahrung wichtig sind.

Vastu für geschäftliche Zwecke

Interessanterweise bestätigt sich die Gültigkeit der Vastu-Prinzipien am augenfälligsten im geschäftlichen Bereich. Die Erfahrung hat gezeigt, daß der Erfolg geschäftlicher Unternehmen ebenfalls sehr empfindlich von den Eigenschaften der Geschäfts- bzw. Fabrikationsräume abhängt. Experten des Vastu, die in Indien Tausende von Betrieben beraten haben, die sich in wirtschaftlichen Schwierigkeiten befanden, konnten durch ihre Korrekturen nach Vastu mehr als 90% hiervon in profitable Unternehmen umwandeln.
An dieser Stelle seien nur die wichtigsten Hinweise genannt, deren Befolgung helfen kann, den wirtschaftlichen Erfolg eines Unternehmens zu fördern:

Die moderne Form des Vastu

- Straßen im Osten, Norden oder Nordosten mit Toren auf zwei Seiten sind günstig.
- Tore im Norden, Osten oder Nordosten sind empfohlen.
- Der Pförtner hat seinen besten Platz an der nordwestlichen Seite des Nordtores oder an der südöstlichen Seite des Osttores.
- Im Süden und Westen sollte auf dem Grundstück möglichst wenig Platz sein und es ist vorteilhaft, dort hohe Bäume zu pflanzen.
- Im Norden, Osten und Nordosten ist hingegen viel freier Raum empfohlen, während sich dort hohen Bäume negativ auswirken.
- Der Fußboden sollte ein Gefälle in Richtung Nordosten aufweisen.
- Im Südwesten sind Lagerräume empfohlen, die immer gefüllt sind.
- Fertige Produkte und Waren, die schnell verkauft werden sollen, gehören in den Nordwesten.
- Transformatoren, Generatoren, elektrische Maschinen, Heizungen usw. sind, wo weit wie möglich, im Südosten zu installieren.
- Wasser sollte auf dem Gelände hauptsächlich in Richtung Norden, Osten oder Nordosten abfließen. Schmutzwasser im Nordosten ist zu vermeiden, während der Wassertank im Nordosten einen guten Platz findet.
- Die Decke des Erdgeschosses sollte höher sein als die der oberen Stockwerke.
- Es ist vorteilhaft, möglichst viele Räume für wichtige und hochwertige Tätigkeiten im Norden und Osten zu nutzen, während der Süden und Westen für Lagerräume und ähnliche Zwecke geeignet sind. Die Bedeutung der Tätigkeiten und Zwecke der einzelnen Räume sollte vom Südwesten in Richtung Nordosten ansteigen.
- Im Osten oder Norden sollte sich keine Konstruktion befinden, die die übrigen Bereiche der Gebäude überragt. Der höchste Punkt der Gebäude befindet sich am besten im Südwesten. Falls das nicht möglich ist, kann er auch im Westen oder Süden liegen.

Diese kurze Auswahl wichtiger Prinzipien zeigt, daß wiederum die gleichen Naturgesetze zur Anwendung kommen, die auch zur Einrichtung einer Küche oder Planung eines Hauses herangezogen werden. Ein Ziel des Vastu besteht auch darin, die Sensibilität der Menschen für die Energien des Raumes zu wecken und zu trainieren. Hierdurch werden sie in einen aktiven Dialog mit dem Raum versetzt, in dem sie leben und arbeiten. Dieser Dialog hilft ihnen, ihre eigenen Energien besser zu verstehen und einzusetzen und sich gleichzeitig vor energetischen Gefahren zu schützen. Letztendlich geht es vor allem darum, sich einen Freiraum für die spirituelle Entwicklung zu schaffen, die nur in Einklang mit den Energien und Gesetzen der Natur möglich ist.

Yantras als Energie-Werkzeuge im Haus

Im Vastu stehen neben Maßnahmen, die die Struktur und Aufteilung des Raumes bzw. der Gebäude betreffen, auch andere Werkzeuge zur Verfügung, die feinstofflich in die Energetik eingreifen. Das Yantra ist ein solches graphisches Werkzeug, das gezielt eingesetzt werden kann, um Ungleichgewichte auszugleichen und positive Energien zu unterstützen. Ein Yantra ist eine Graphik, die geometrische Elemente und geschriebene Mantras miteinander verbindet, um die Energien des Raumes von dessen energetischen Schlüsselpunkten aus zu formen.

Jedem Planeten können Yantras zugewiesen werden, welche die Qualität der ebenfalls den Planeten zugeordneten Himmelsrichtungen unterstützen können. Liegt beispielsweise die vom Mars beherrschte Küche im Norden, welcher vom Merkur beherrscht wird, mag es notwendig sein, den Mars, der vom Merkur geschwächt wird, mit Hilfe eines Mars-Yantras zu unterstützen.

Ebenso gibt es den Elementen entsprechende Yantras, welche regulierend eingesetzt werden können, wenn eines oder mehrere der Elemente im Haus gestört sind. Es mag bei einem Haus beispielsweise die südöstliche Ecke abgeschnitten sein, so daß die Energie des Feuers nicht zur Geltung kommt. Macht sich das Fehlen der Feuerenergie im Haus tatsächlich bemerkbar, so ist es hilfreich, ein Feuer-Yantra an einem energetisch wirksamen Punkt anzubringen.

Die moderne Form des Vastu

Abbildung 5: Mars-Yantra für die Küche

Die Bedeutung der Elemente im Haus

Störungen im Gleichgewicht der Elemente mögen sich auch durch das Auftreten bestimmter Krankheiten im Haus bemerkbar machen. So kann sich die Störung des Feuerelements und damit ein Defekt im Südosten in Form von Leberproblemen äußern, während Blockaden des Luftelements bzw. die vollständige Schließung des Nordwestens sich in Form von Verdauungsstörungen, Gelenkproblemen und mentalen Störungen manifestieren könnten. Störungen des Erdelements bzw. des Südwestens können sich in Knochenkrankheiten äußern, während das mit dem Westen und Nordosten verbundene Wasserelement mit emotionalen Störungen und Nierenproblemen in Zusammenhang steht. Diese Aufzählung kann angesichts der Komplexität des Themas nur als Hinweis gesehen werden und bedarf im Einzelfall einer sehr gewissenhaften Untersuchung.

Die Konstruktion des Hauses in Beziehung zu den acht Himmelsrichtungen gibt deutliche Hinweise darauf, in welcher Weise die Elemente im Haus zur Geltung kommen, wie sie miteinander wechselwirken und wie sie die Bewohner beeinflussen. Daher besteht ein wichtiger Teil einer Vastu-Korrektur darin, die Harmonie und ausgewogene Dynamik der fünf Elemente im Haus wieder herzustellen und sie auf die Bewohner abzustimmen.

Woran erkennt man das Vorhandensein von Vastu-Problemen?

Interessant ist die Geschichte, wie einer der bekanntesten Astrologen Indiens aus Jaipur dazu kam, die Wissenschaft des Vastu zu studieren. Bis zu dem Zeitpunkt, als sein Bruder bei einem Autounfall ums Leben kam, war er der Ansicht, alle wichtigen Ereignisse im Leben eines Menschen seien aus seinem Horoskop ersichtlich. Er war jedoch nicht in der Lage, den vorzeitigen Tod seines Bruders aus dessen Horoskop herauszulesen. Erst ein befreundeter Vastu-Gelehrter macht ihn darauf aufmerksam, daß im Haus des Bruders ein erheblicher Vastu-Defekt vorlag, der auf den Unfall hinwies.

Diese Einsicht bewegte den Astrologen dazu, ein tiefgehendes Studium der Wissenschaft des Vastu zu beginnen, durch das er zu der Überzeugung kam, daß der Wohnraum eines Menschen sein Schicksal ebenso beeinflußt wie die Sterne.

Die Erfahrung zeigt, daß sich ein großer Teil der Probleme, mit denen sich Menschen konfrontiert sehen, sehr schnell auflöst, sobald die Ursache im Wohnbereich gefunden und behoben wird. Selbst Probleme, die über viele Jahre fast unlösbar erschienen, können auf diese Weise gelöst werden.

Die folgende Liste von Symptomen gibt einen Hinweis darauf, wie sich Verletzungen der Vastu-Prinzipien auf die Bewohner eines Hauses auswirken können:

Die moderne Form des Vastu

- Häufig Streit im Haus
- Auffällig viele Krankheiten im Haus
- Die Einwohner sind nicht glücklich, obwohl die äußeren Umstände gut erscheinen.
- Trotz harter Arbeit und großer Bemühungen kommen die Bewohner des Hauses nicht zu Reichtum.
- Rastlosigkeit und Sorgen
- Die Eltern haben Probleme mit den Kindern
- Streit und Probleme in der Ehe und anderen Beziehungen
- Probleme mit den Behörden
- Probleme mit den Nachbarn
- Geschäftliche Schwierigkeiten
- Frühzeitige Tode und Unfälle passieren

Wie wirken sich Vastu-Probleme aus?

In den alten Vastu-Schriften findet man genaue Beschreibungen darüber, in welcher Weise ein bestimmter Vastu-Fehler zum Ausdruck kommt und wie sich vorteilhafte Eigenschaften eines Grundstücks oder Gebäudes in positiver Art und Weise auswirken. An diese Stelle seien nur generelle Hinweise gegeben, die ein qualitatives Verständnis der Zusammenhänge vermitteln.

Nordosten

Verletzungen der Vastu-Prinzipien oder positive Eigenschaften im Nordosten wirken sich auf alle Bewohner des Hauses aus. Insbesondere werden jedoch der Hausbesitzer und die männlichen Kinder betroffen.

Ein österreichisches Ehepaar lebte beispielsweise für ca. vier Jahre in einem Haus, dessen Nordosten nicht offen und frei, sondern geschlossen und blockiert war, da sich dort ein größeres Nachbarhaus

Wie wirken sich Vasati-Probleme aus?

befand. Dementsprechend war es Ihnen in all der Zeit nicht möglich, ein Kind zu haben. Nach diesen vier Jahren zogen sie in ein Apartment, dessen Nordosten frei und offen ist. Bereits nach anderthalb Jahren bekamen sie Ihren ersten Sohn.

Südosten

Unglückverheißende und glückverheißende Eigenschaften im Südosten betreffen vor allem die Frauen und Kinder, insbesondere den zweitältesten Sohn. Werden die Prinzipien des Vastu im Südosten verletzt, so steigt für Frauen die Gefahr für Brandverletzungen und die Neigung zu Streit nimmt zu. Plaziert man dort jedoch die Küche nach Vastu, so können die Bewohner des Hauses Gesundheit und Wohlstand erwarten. Es sollte in dieser Richtung jedoch kein Brunnen gegraben werden, da sonst die Gesundheit der Hausfrau und der Kinder, insbesondere des zweiten Sohnes, leidet.

Südwesten

Fehler und positive Aspekte im Südwesten beeinflussen in erster Linie den Besitzer des Hauses, die Frau im Haus und den ältesten Sohn. In dieser Richtung sollte man ganz besonders darauf achten, nicht gegen die Gesetzmäßigkeiten des Vastu zu verstoßen, da die Konsequenzen in dieser Himmelsrichtung besonders schwerwiegend sind. Werden beispielsweise im Südwesten bauliche Veränderungen vorgenommen, so sollte der Hausbesitzer möglichst gegenwärtig sein und keine Reisen unternehmen, da sonst erhöhte Unfallgefahr besteht. Wenn der Südwesten eines Grundstücks erhöht ist, so deutet dies auf Reichtum und Wohlstand hin. Ebenso sind gerichtliche Schwierigkeiten und Schulden die Folge, wenn das Haus oder das Grundstück im Südwesten Erweiterungen besitzen.

Die moderne Form des Vastu

Nordwesten

Konsequenzen der Vastu-Eigenschaften im Nordwesten tragen vor allem die Frau des Hauses und der drittälteste Sohn. Der Nordwesten wird bevorzugt von losgelösten Philosophen, entsagten Sannyasis oder auch verarmten Familien bewohnt. Fehler im Nordwesten können zu lebenslangen Feindschaften führen und sollten daher möglichst vermieden werden. Eine Küche im Nordwesten, in deren Nordwesten ein Herd steht, läßt hohe Küchenausgaben erwarten, da sehr viele Gäste zum Essen kommen werden.

Osten

Fehler oder positive Dinge im Osten beeinflussen vor allem die männlichen Kinder des Hauses. Offenheit und Geräumigkeit im Osten führt zu Gesundheit und Reichtum. Insbesondere, wenn der Osten niedriger liegt als der Westen und sich dort eine Veranda befindet, sind solch positiven Resultate zu erwarten. Liegt das Land im Osten jedoch höher als das Haus, so sind Armut und Krankheit die wahrscheinliche Folge. Vor allem die männlichen Kinder werden von schlechter Gesundheit betroffen sein. Ebenso negativ wirken sich Müll, schwere Steine und Gerümpel im Osten auf den Reichtum und die Kinder des Hauses aus. Vor allem Augenprobleme sind zu erwarten, wenn im Osten auf dem Grundstück kein offener Raum vorhanden ist und die Veranda Richtung Westen hin abfällt.

Westen

Glückverheißende und unglückverheißende Vastu-Eigenschaften im Westen wirken sich ebenfalls in erster Linie auf die männlichen Kinder des Hausbesitzers aus. Falls der Westen des Hauses einen höheren Fußboden und eine höhere Decke besitzt als das Zentrum des Hauses, sind Reichtum und Wohlstand zu erwarten. Sollte sich im Westen mehr Platz auf dem Grundstück befinden als im Osten, so haben die Söhne dieses Hauses zu leiden. Eine Tür im Westen, die Richtung Nordwesten weist, mag zu Gerichtsprozessen und Verlust des Geldes

Wie wirken sich Vasati-Probleme aus?

führen, während eine Tür im Westen, die Richtung Südwesten weist, Krankheiten und unnatürliche Tode zur Folge haben kann.

Norden

Vastu-Fehler und positive Aspekte im Norden wirken sich vor allem auf die Frauen und den Wohlstand des Hauses aus. Offener Raum im Norden und eine niedrig liegende Veranda geben den Frauen des Hauses Glück und Zufriedenheit und seine Bewohner werden mit Reichtum gesegnet sein. Insbesondere, wenn sich im Norden auf dem Grundstück mehr Platz befindet als im Süden, sind Reichtum und Wohlstand die Folge. Je mehr Land man zusätzlich im Norden erwirbt, desto größer wird der Reichtum sein. Ist das Land im Norden jedoch erhöht, so werden sowohl die Frauen als auch der Familienbesitz leiden. Ebenso sind Verluste zu erwarten, wenn im Norden Müll, Gerümpel und Erdhügel zu finden sind.

Süden

Der Zustand des Südens beeinflußt vor allem die Frauen. Auch der Erbauer des Hauses wird von den negativen Eigenschaften des Vastu im Süden beeinflußt. Er wird geschäftliche Verluste erleiden, wenn dort Vastu-Fehler auftreten. Ist das Land im Süden erhöht, so sind die Hausbewohner mit Gesundheit gesegnet. Ein erhöhter Raum im Süden des Hauses wird dem Hausbesitzer zu Reichtum und Wohlstand verhelfen. Auf der anderen Seite sind wirtschaftliche Verluste und schlechte Gesundheit der Frauen zu erwarten, wenn im Süden viel freier Raum oder Land existiert und die südlichen Teile des Hauses und Grundstücks niedriger liegen als der restliche Teil des Anwesens.

Die moderne Form des Vastu

Können Vastu-Defekte Krankheiten verursachen?

Der indische Wissenschaftler A.R. Hari hat in jahrelanger Forschungsarbeit die Gesetzmäßigkeiten des bioenergetischen Feldes eines Grundstücks und Gebäudes untersucht und gezeigt, daß dieses mit dem bioenergetischen Feld des Körpers in Wechselwirkung steht. Demzufolge ist es berechtigt, nach dem Zusammenhang zwischen Vastu-Defekten und der Manifestation spezifischer Krankheiten zu fragen.

Die Ursachen vieler Krankheiten sind bis zum heutigen Tage nicht genau wissenschaftlich beschreibbar. Krebs ist eine solche Krankheit, deren Ursachen sehr stark mit dem geistigen oder psychischen Zustand des Patienten gekoppelt sind. Daher ist es nicht verwunderlich, daß die Bioenergetik des Wohnraums, die man als *vastu* bezeichnet, die Manifestation oder Heilung von Krebs beeinflussen kann. Hari fand heraus, daß insbesondere der Zustand des Nordostens eines Grundstücks und Hauses mit der Entstehung von Krebs zusammenhängt. Der Nordosten repräsentiert den Geist und die psychische Konstitution des *vastu*-Biofeldes. Ist der Nordosten gestört, so wird die geistige Steuerung des *vastu*-Biofeldes unterbrochen, so daß die Energien des Feldes außer Kontrolle geraten können und auf chaotische Art und Weise agieren. Im Nordosten befindet sich der Kopf des *Vastupurushas* und somit geschieht von dort aus die Kontrolle und Steuerung des gesamten Feldes. Krebs ist eine Krankheit, bei der das Zellwachstum außer Kontrolle gerät, da die intelligente Kommunikation der Zellen untereinander unterbrochen wird. In ähnlicher Weise kann ein Vastu-Defekt im Nordosten das bioenergetische Feld des Wohnraums in einen chaotischen Zustand versetzen, der bei der entsprechenden Resonanz auf den Bewohner des Hauses übertragen wird. Die Resonanz, durch die sich die Krankheit erst in dem Organismus eines Bewohners manifestieren kann, kommt dadurch zustande, daß auch in einem anderen Sektor des Wohnraumes ein erheblicher Vastu-Defekt vorliegt. Welches Organ von dem unkontrollierten Zellwachstum betroffen ist, hängt davon ab, in welchem Sektor der zweite gravierende Defekt vorliegt. Damit sich Krebs in einem bestimmten Organ manifestieren kann, müssen zumindest in zwei Sektoren schwerwiegende Vastu-Defekte vorliegen, die auch den Nordosten mit einschließen. Erst dann können die auf die Zellen wirkenden Einflüsse dazu führen, daß diese ihr Gleichgewicht verlieren.

Können Vasati-Defekte Krankheiten verursachen?

Die folgende Liste geht auf die Untersuchung zahlreicher Krebsfälle durch A.R. Hari zurück und ordnet den jeweiligen Vastu-Defekten die entsprechenden Krebsarten zu, die sich dadurch manifestieren können.

Entsprechungen zwischen Vastu-Defekten und Krebserkrankungen *(nach A.R. Hari)*

Nordosten abgerundet, Nordwesten geschlossen:
Entwicklung von Krebs im Bereich des Brustkorbs; die Lungen oder andere Organe dieser Region mögen davon betroffen werden

Der Nordosten des Hauses bildet einen spitzen Winkel, im Westen des Grundstück gibt es eine Vertiefung:
Entwicklung von Krebs im Bereich von Kopf und Hals

Schwerer Defekt im Nordosten; Nordosten, Osten, Nordwesten liegen höher, Südwesten, Süden und Westen liegen niedriger:
Gehirntumor

Defekt im Nordosten, Defekt im Südosten:
Brustkrebs

Defekt im Nordosten, Defekt im Süden oder Westen:
Gebärmutterkrebs

Defekt im Nordosten, Defekt im Westen des Südwestens:
Nierenkrebs

Defekt im Nordosten, Defekte in mehreren Sektoren rundherum:
Blutkrebs

Defekt im Nordosten, Defekt im Westen:
Magenkrebs

Die moderne Form des Vastu

Hierbei betont Hari, daß die jeweiligen Defekte sehr gravierend sein müssen, um zum Ausbruch einer Krankheit führen zu können. Falls Sie eine dieser Kombinationen in Ihrem Haus vorfinden, sollten Sie versuchen, sie mit Hilfe des Programms dieses Buches zu korrigieren. Falls das nicht möglich sein sollte, ist es ratsam, einen erfahrenen Vastu-Berater aufzusuchen, der herausfinden kann, ob die Defekte tatsächlich so gravierend sind, daß sie die Gesundheit der Bewohner bedrohen könnten. Sind die Defekte nicht schwerwiegend, können sie einen gesunden Menschen nicht beeinflussen. Sind sie jedoch gravierend, kann Ihnen ein erfahrener Vastu-Berater geeignete Maßnahmen vorschlagen, um das Problem zu beseitigen.

Das 108-Schritte Programm für mehr Wohn- und Lebensqualität

Anleitung für das 108-Schritte Programm

Vastu kann in verschiedenen Situationen zur Anwendung kommen. Baut man ein neues Haus, hat man die optimalen Voraussetzungen, lebendige und harmonische Räume zu kreieren, doch selbst dann wird es später weiterhin notwendig sein, aktiv mit den Energien der Räume zu arbeiten.

Dieses Buch konzentriert sich auf den häufigen Fall, daß das Haus bzw. die Wohnung bereits fertiggestellt ist. Es soll auch denjenigen in die Lage versetzen, seine Wohnqualität zu verbessern, der sich noch nicht intensiv mit Vastu beschäftigt hat, und die Zeit nicht investieren kann, dicke Bücher zu diesem Thema zu studieren. Prinzipien, die sich nur beim Neubau oder vollständigen Umbau eines Hauses umsetzen lassen, fanden daher in dieses Programm keine Aufnahme, sondern werden in einem gesonderten Kapitel zusammenfassend vorgestellt.

Wollen Sie eine Bemühung in dieser Richtung wagen, so sollten Sie einfach damit beginnen, dieses Programm Schritt für Schritt durchzuführen. Lassen Sie sich dabei Zeit, ohne den falschen Ehrgeiz zu entwickeln, alles in ein paar Tagen bewältigen zu müssen. Das wäre gar nicht sinnvoll, da jede Veränderung der Raumenergien auch Transformationen im persönlichen Bereich der Bewohner mit sich bringt.

Beim Durchgehen der 108 Schritte werden Sie einige Punkte finden, die Sie leicht umsetzen können, doch vieles wird sich nicht direkt verwirklichen lassen. Daher rate ich Ihnen, bei jedem Schritt zu notieren, ob der betreffende Punkt in Ihrem Haus problematisch ist und das Problem kurz zu beschreiben. Hierzu ist diesem Band ein Arbeitsbuch beigefügt, in dem sie ein ausführliches Protokoll Ihrer eigenen Vastu-Beratung anfertigen können. Wenn Sie die notwendige Korrektur durchgeführt haben, können Sie das ebenfalls markieren, so daß Sie bei einem weiteren Durchgang durch das Programm leicht die Schritte identifizieren können, an denen Sie noch zu arbeiten haben. Daher ist in dem Arbeitsbuch für jedem Schritt ein Textfeld vorhanden, in das Sie eintragen können, welche Veränderungen durchgeführt werden

Das 108-Schritte Programm

könnten, und ob Sie diese Korrekturen bereits durchgeführt haben. Wenn Sie diese Eintragungen mit Bleistift vornehmen, können Sie sie jederzeit aktualisieren. So erhalten Sie Ihr persönliches Vastu-Protokoll. Ich empfehle Ihnen auch sehr, den in dem Arbeitsbuch parallel laufenden ausführlichen Test Ihrer Wohnsituation durchzuführen. Die jedem Schritt beigefügte Bewertung hilft Ihnen, den jeweiligen Zustand klar zu erfassen und nach Verbesserungen zu suchen. Einige Vorschläge und Anregungen werden in den knappen Texten nur kurz angesprochen und lassen sich anhand der Informationen dieses Buches kaum durchführen. Für diese Fälle sei auf die im Anhang erwähnte Literatur verwiesen. Sie können sich auch an einen Vastu-Berater wenden. Dieses Programm bietet hilfreiche Anhaltspunkte und Hinweise für Ihren Dialog mit dem Wohn- und Lebensraum.

Ich wünsche Ihnen für die nächsten 108 Schritte viel Erfolg und spürbare Veränderungen zu mehr Wohn- und Lebensqualität.

Bitte lassen Sie sich nicht durch die von 108 abweichende Anzahl der Schritte verwirren. Ursprünglich plante ich, ein Programm mit genau 108 Schritten zu entwickeln, das sich jedoch rasch auf mehr als 150 Schritte erweiterte. Da die Zahl 108 in der vedischen Kultur und Mystik von außerordentlicher Bedeutung und von starkem symbolischen Wert ist, behielt ich den Titel trotzdem bei. Wann immer daher in diesem Buch von 108 Schritten gesprochen wird, bezieht sich dies auf die tatsächlichen 155 Schritte, die Sie in der folgenden Zusammenstellung finden.

Verzeichnis der Schritte

Die Bestimmung der Himmelsrichtungen

1. Schritt	Bestimmung des Zentrums des Hauses
2. Schritt	Markierung der Haupthimmelsrichtungen
3. Schritt	Markierung der Nebenhimmelsrichtungen
4. Schritt	Bereiche der Himmelsrichtungen einzeichnen
5. Schritt	Energiefeld des Vastu bestimmen
6. Schritt	Schritte 1-4 für jeden einzelnen Raum durchführen
7. Schritt	Schritte 1-4 für das gesamte Grundstück durchführen

Das Grundstück

8. Schritt	Bewertung der Grundstücksform
9. Schritt	Unglückverheißende Gegenstände auf dem Grundstück
10. Schritt	Das Zentrum des Grundstücks

Der Nordosten

11. Schritt	Reinheit des Nordostens
12. Schritt	Hohe Bäume im Nordosten
13. Schritt	Brunnen im Nordosten
14. Schritt	Wasser sollte Richtung Nordosten abfließen
15. Schritt	Der Gradient des Grundstücks
16. Schritt	Zufluß von Wasser im Nordosten
17. Schritt	Kein Schmutzwasser im Nordosten
18. Schritt	Energien des Nordostens wahrnehmen

Der Südwesten

19. Schritt	Südwesten schwer gestalten
20. Schritt	Im Südwesten sollte der höchste Punkt liegen
21. Schritt	Negative Einflüsse im Südwesten?
22. Schritt	Südwesten möglichst geschlossen halten
23. Schritt	Lagerung von Kohlen
24. Schritt.	Lagerung von Baumaterialien
25. Schritt	Balance zwischen Nordosten und Südwesten herstellen
26. Schritt	Chakren auf der Nordost-Südwest-Achse
27. Schritt	Kein Wasser im Südwesten

Das 108-Schritte Programm

Die Nordwest-Südost-Achse

28. Schritt	Präsenz des Feuerelements im Südosten
29. Schritt	Beweglichkeit des Nordwestens
30. Schritt	Probleme mit dem Luftelement
31. Schritt:	Duftende Blumen
32. Schritt	Energiediagonale Nordwest-Südost

Energien des Grundstücks

33. Schritt	Gesamtenergie des Grundstücks harmonisch
34. Schritt	Hartmann-Gitter und Wasseradern
35. Schritt	Schatten von Tempel oder Kirche

Eingänge zu Haus und Grundstück

36. Schritt	Der Haupteingang zum Grundstück
37. Schritt	Der Haupteingang des Hauses
38. Schritt	Haupteingang im Süden
39. Schritt	Gegenstände vor dem Haupteingang
40. Schritt	Solides Haupttor
41. Schritt	Blumen vor den Eingängen
42. Schritt	Schutz-Yantra für den Haupteingang
43. Schritt	Eingangshalle zu dunkel
44. Schritt	Tür nach innen öffnen
45. Schritt	Größe des Haupteingangs
46. Schritt	Haupteingang mit Küche verbunden
47. Schritt:	Türen

Die Himmelsrichtungen im Gebäude

48. Schritt	Die Bestimmung der eigenen Richtung

Der Nordosten

49. Schritt	Nordosten des Hauses sauber halten
50. Schritt	Anspruchsvolle Tätigkeiten im Nordosten
51. Schritt	Platz im Nordosten
52. Schritt	Medikamente/Kräuter
53. Schritt	Schwere Gegenstände im N, O und NO
54. Schritt	Schuhe und Putzmittel
55. Schritt	Anwendung auf alle Räume des Hauses

Verzeichnis der Schritte

56. Schritt — Korrektur des Nordostens

Der Südwesten

57. Schritt — Gegengewicht im Südwesten
58. Schritt — Südwesten geschlossen und schwer
59. Schritt — Bewegung im Südwesten
60. Schritt — Ahnenbilder
61. Schritt — Schwerpunkt der Räume
62. Schritt — Wasser im Südwesten
63. Schritt — 90° Winkel im Südwesten
64. Schritt — Mauerwerk im Südwesten
65. Schritt — Anwendung auf alle Räume des Hauses
66. Schritt — Korrektur des Südwestens

Das Zentrum

67. Schritt — Das Zentrum des Hauses
68. Schritt — Die Zentren der einzelnen Räume

Der Südosten

69. Schritt — Das Feuerelement im Südosten des Hauses
70. Schritt — Der Südosten in den einzelnen Räumen
71. Schritt — Korrektur des Südostens

Der Nordwesten

72. Schritt — Bewegliche Dinge im Nordwesten
73. Schritt — Fahrzeuge und Fahrräder im Nordwesten
74. Schritt — Gästezimmer, Büro und Lebensmittellagerung
75. Schritt — Korrektur des Nordwestens

Der Osten

76. Schritt — Nutzung der Morgensonne
77. Schritt — Falsche Nutzung des Ostens
78. Schritt — Korrektur des Ostens

Der Norden

79. Schritt — Nutzung des Nordens
80. Schritt — Korrektur des Nordens

Das 108-Schritte Programm

Der Westen

81. Schritt	Nutzung des Westens
82. Schritt	Korrektur des Westens

Der Süden

83. Schritt	Nutzung des Südens
84. Schritt	Korrektur des Südens

Einflüsse der Planeten, der Elemente und feinstofflicher Energien

85. Schritt	Planeten und bevorzugte Himmelsrichtungen
86. Schritt	Ayurvedische Konstitution
87. Schritt	Entspannung und Meditation
88. Schritt	Ausgleich der weiblichen und männlichen Energien
89. Schritt	Vastupurusha zum Energieausgleich

Die Fenster

90. Schritt	Die Sonnenfenster
91. Schritt	Die Mondfenster
92. Schritt	Stärkung von Sonne und Mond
93. Schritt	Yantras in Fenstern

Die Innenausstattung des Hauses

94. Schritt	Spiegel
95. Schritt	Waschbecken
96. Schritt	Uhren
97. Schritt	Bücher
98. Schritt	Wichtige Tätigkeiten in Richtung Osten ausführen
99. Schritt	Schlafrichtungen
100. Schritt	Aufstehen
101. Schritt	Türen und Schränke
102. Schritt	Schränke
103. Schritt	Proportionen
104. Schritt	Keller
105. Schritt	Krankenzimmer
106. Schritt	Bilder
107. Schritt	Wasser im Schlafzimmer

Verzeichnis der Schritte

108. Schritt	Treppenstufen
109. Schritt	Torbeleuchtung
110. Schritt	Entbindungszimmer
111. Schritt	Haustiere
112. Schritt	Lebensmittel im Südosten
113. Schritt	Anzahl der Räume
114. Schritt	Höhe der Veranda
115. Schritt	Veranda im Nordosten
116. Schritt	Gebrauchtes Baumaterial
117. Schritt	Richtung der Toilettensitze

Die Küche

118. Schritt	Gäste in der Küche
119. Schritt	Lage der Küche
120. Schritt	Wasserinstallationen
121. Schritt	Der Herd
122. Schritt	Herd im Südosten
123. Schritt	Kochen in Richtung Osten
124. Schritt	Lebensmittel in der Küche
125. Schritt	Küche hinter Mondfenster
126. Schritt	Fußbodengefälle
127. Schritt	Eßzimmer und Küche
128. Schritt	Elektrisches Kochen
129. Schritt	Toilette und Küche
130. Schritt	Luftzirkulation
131. Schritt	Wandschränke
132. Schritt	Zentrum der Küche

Die Speisekammer

133. Schritt	Lagerung der Vorräte
134. Schritt	Lagerung von Ölen und Fetten
135. Schritt	Wasserbehälter im Nordosten

Farben im Haus

136. Schritt	In den Himmelsrichtungen
137. Schritt	In Beziehung zu den Raumfunktionen
138. Schritt	Planeteneinflüsse
139. Schritt	Außenfarbe

Das 108-Schritte Programm

Kommerzielle Räume

140. Schritt	Verkaufsrichtung
141. Schritt	Fertige Waren
142. Schritt	Schaukästen
143. Schritt	Balken an der Decke
144. Schritt	Der Verkaufstresen (Material)
145. Schritt	Der Verkaufstresen (Form)
146. Schritt	Buchführung und Akten
147. Schritt	Lager im Südwesten
148. Schritt	Chefbüro
149. Schritt	Der Konferenzraum
150. Schritt	Computer und elektrische Geräte

Korrekturen mit Hilfe von Spiegeln

151. Schritt	Großes Gebäude in Nachbarschaft
152. Schritt	Projizierte Hauskante
153. Schritt	Enger Gang
154. Schritt	Erweiterung im Norden und Osten
155. Schritt	Eingangskorrektur

Die Bestimmung der Himmelsrichtungen

Schritt 1

Bestimmen Sie anhand eines Grundrisses das Zentrum des Hauses bzw. Gebäudes, das untersucht werden soll. Handelt es sich um eine Wohnung in einem größeren Haus, so bestimmen Sie das Zentrum des individuellen Wohnbereichs. Zeichnen Sie dieses Zentrum in ihren Grundriß ein. Die Bestimmung des Zentrums ist im Fall einer regelmäßigen rechteckigen bzw. quadratischen Form sehr einfach. Sie ergibt sich durch den Schnittpunkt der Diagonalen.

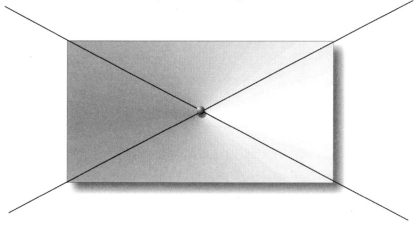

Abbildung 6: Bestimmung des Zentrums

Das 108-Schritte Programm

Falls die Form des Hauses unregelmäßig ist, gibt es zwei Möglichkeiten. Entweder erweitern Sie es in solcher Weise, daß eine regelmäßige Form entsteht und bestimmen das Zentrum oder Sie betrachten gewisse Bereiche als Erweiterungen eines regelmäßigen Kernbereiches und bestimmen dessen Mittelpunkt.

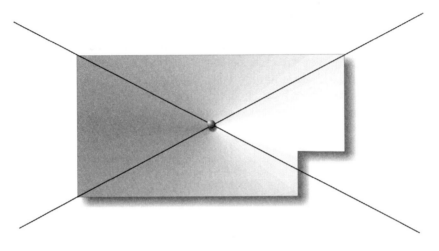

Abbildung 7: Bestimmung des Zentrums unter Berücksichtigung einer fehlenden Ecke.

Die Entscheidung, welche dieser beiden Varianten angemessen ist, hängt davon ab, ob die Erweiterung oder der zu ergänzende Bereich größer ist.

Die Bestimmung der Himmelsrichtungen

Abbildung 8: Bestimmung des Zentrums unter Berücksichtigung einer Erweiterung.

Schritt 2

Bestimmen Sie die Himmelsrichtungen mit Hilfe eines Kompasses von diesem Zentrum aus und kennzeichnen Sie die Himmelsrichtungen in ihrem Grundrißplan durch ein Kreuz, das etwas über die Grenzen des Hauses hinausgeht

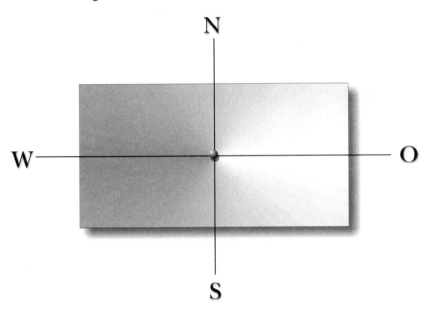

Abbildung 9: Bestimmung der Haupthimmelsrichtungen

Die Bestimmung der Himmelsrichtungen

Schritt 3

Zeichnen Sie auch die Nebenhimmelsrichtungen als Linien vom Zentrum aus in den Grundriß ein, um die Schnittpunkte dieser Linien mit den Begrenzungsmauern des Hauses zu bestimmen. Verwenden Sie hierzu die nach den Kriterien von Schritt 1 korrigierte Form des Hauses.

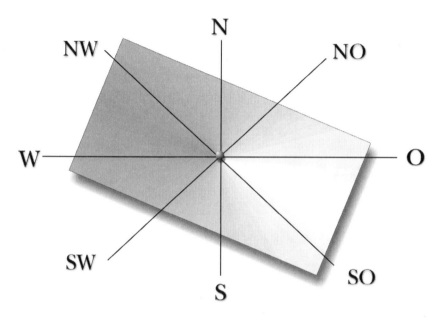

Abbildung 10: Bestimmung der Himmelsrichtungen

Schritt 4

Zeichnen Sie vom Zentrum aus acht Bereiche ein, die die acht Himmelsrichtungen räumlich festlegen. Orientieren Sie sich hierzu bitte an den im Folgenden abgebildeten Idealfällen, in denen sich entweder die Haupthimmelsrichtungen oder die Nebenhimmelsrichtungen in den Ecken des Grundstücks befinden. Der gleiche Vorgang sollte für den Grundriß des Hauses und wenn nötig für jeden einzelnen Raum durchgeführt werden.

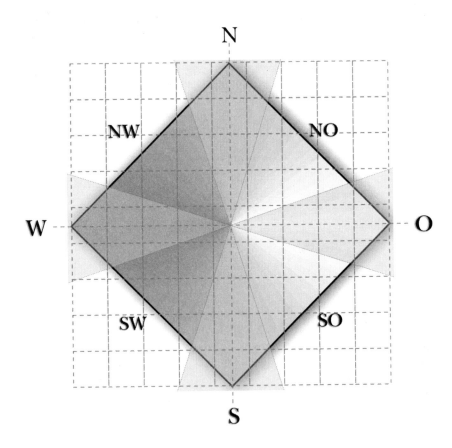

Abbildung 11: Die Felder der Himmelsrichtungen

Die Bestimmung der Himmelsrichtungen

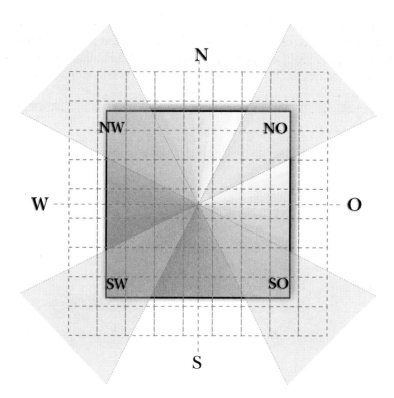

Abbildung 12: Die Felder der Himmelsrichtungen

In der Praxis liegt man zumeist irgendwo zwischen diesen beiden Fällen. Die exakte Festlegung der einzelnen Bereiche ist nicht entscheidend, da die Übergänge zwischen den Eigenschaften der einzelnen Himmelsrichtungen fließend sind.

Das 108-Schritte Programm

Schritt 5

Um das *vastu* oder Energiefeld des Hauses zu bestimmen, können Sie ein Rechteck zeichnen, dessen Seiten zu den Haupthimmelsrichtungen parallel liegen und welches das gesamte Haus einschließlich seiner Erweiterungen umfaßt. Im allgemeinen liegt das Haus schräg in diesem Rechteck.

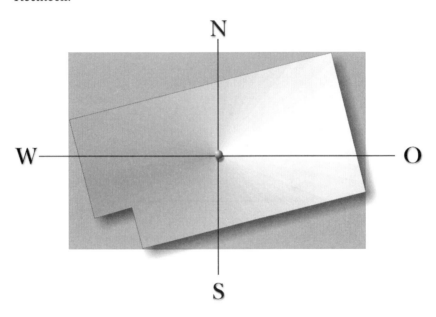

Abbildung 13: Bestimmung des Energiefeldes eines Hauses

Zu einem regelmäßigen Quadrat mit Mittelpunkt im Zentrum des Hauses erweitert, entsprechen dessen Diagonalen den Nebenhimmelsrichtungen des Hauses. Hierdurch bekommt man ein klares Gefühl, wie das Haus im Energiefeld der Himmelsrichtungen liegt. Eine solche Darstellung ist nützlich, um die in späteren Kapiteln behandelten Energien der Himmelsrichtungen dem Energiefeld des Hauses zuzuordnen und es mit Hilfe von Yantras und Mandalas zu korrigieren.

Schritt 6

Führen Sie die Schritte 1-4 auf analoge Weise für jeden einzelnen Raum durch. Die Prinzipien des Vastu gelten gemäß der fraktalen Geometrie in jedem Raum, der eine individuelle Einheit bildet wie ein Grundstück, ein Haus, ein Zimmer oder ein Schreibtisch. Jeder Raum besitzt sein eigenes Zentrum, von dem aus sich das Energiefeld dieses Bereichs ausbildet.

Schritt 7

Führen Sie die Schritte 1-4 in analoger Weise für das gesamte Grundstück durch, bzw. im Fall einer Wohnung in einem größeren Gebäudekomplex auch für das gesamte Gebäude.

Die Bewertung des Grundstücks

Schritt 8

Die Form des Grundstücks sollte möglichst regelmäßig sein. Versuchen Sie daher, das Grundstück entweder zu ergänzen oder Bereiche abzutrennen, so daß ein regelmäßiges Rechteck entsteht. Dies kann mit Hilfe von Hecken oder Zäunen geschehen, wobei die voneinander getrennten Bereiche unterschiedlich genutzt werden können. So kann beispielsweise der eine Teil als Garten und ein anderer Teil als Parkplatz genutzt werden. Auf einem rechteckigen Grundstück kann sich ein harmonisches Energiefeld ausbilden. Die Seiten des Rechteckes sollten möglichst parallel zu den Haupthimmelsrichtungen liegen.

Schritt 9

Im Boden des Grundstücks sollten sich keine Ameisenhügel, Knochen, Metallstücke oder Abfälle befinden. Säubern Sie es vollständig von solchen unglückverheißenden Gegenständen.

Schritt 10

Bestimmen Sie das Brahmasthana des Grundstücks, d.h. den zentralen Bereich, in den die kosmischen Energien in das Grundstück einfließen. Befinden sich dort keine Gebäude, so sollte man diesen Bereich, dessen Seitenlängen jeweils ungefähr ein Drittel der Grundstücksbreite bzw. Länge beträgt, möglichst frei und offen gestalten und ihn nicht mit schweren Konstruktionen und hohen Bäumen belasten.

Dieser Bereich eignet sich hervorragend als Treffpunkt und zur Meditation. Es ist ein Bereich, der Energie schenkt und spirituelle Tätigkeiten unterstützt.

Die Bewertung des Grundstücks

Der Nordosten des Grundstücks

Schritt 11

Die Energien des Zentrums fließen auf der Diagonalen in Richtung Nordosten und steigen in dieser Richtung auf. Sie verfeinern sich in Richtung Nordosten und brauchen dort viel Platz. Betrachten Sie bitte den Nordosten ihres Grundstücks. Er sollte möglichst rein, sauber, ordentlich, leicht und offen gehalten werden und möglichst für anspruchsvolle Aktivitäten genutzt werden.

Befindet sich dort Müll, so sollte für diesen unbedingt in einem anderen Bereich des Grundstücks ein Platz gefunden werden. Am besten eignet sich hierfür der Südwesten, doch auch der Westen und Süden können für diesen Zweck genutzt werden. Befinden sich im Nordosten schwere Dinge, so sollten diese, wenn möglich, ebenfalls in Richtung Südwesten verlagert werden. Versuchen Sie den Nordosten so sauber, ordentlich und leicht wie möglich zu halten.

Sie können den Nordosten beispielsweise gestalten, indem Sie dort einen Teich anlegen und Trittsteine plazieren. Arrangierungen mit Sand und farbigem Kies sind ebenfalls sehr schön. Auch ein Steingarten mit leichten Steinen und niedrigen Büschen ist dort angebracht, während Sie schwere große Gegenstände und Steine vermeiden sollten. Rasenflächen und Blumengärten sind in dieser Richtung ideal und können mit Sitzgelegenheiten aus leichtem Material bestückt werden.

Alle Arten von Wasserspielen sind im Nordosten sehr förderlich, falls Sie keiner zu schweren und großen Konstruktionen bedürfen. Ein kleiner Springbrunnen ist ideal und bietet für diesen hochenergetischen Ort einen attraktiven Anziehungspunkt. Versuchen Sie den Nordosten möglichst anziehend zu gestalten, damit sich die Menschen gerne dort aufhalten.

Das 108-Schritte Programm

Schritt 12

Hohe Bäume im Nordosten des Grundstücks sollten möglichst gefällt werden, so daß der Nordosten offen und frei ist. Je mehr Platz man im Nordosten schaffen kann, desto besser. Dem Nordosten ist das Element Äther (Raum) zugeordnet. Schafft man dort offenen Raum, so werden die geistigen Tätigkeiten des gesamten Projektes gefördert.

Schritt 13

Ein Brunnen sollte sich im Nordosten des Grundstücks befinden. Er sollte jedoch nicht direkt auf der Nodost-Südwest-Diagonalen des Grundstück liegen und diese auch nicht berühren.

Schritt 14

In welcher Richtung fließt auf Ihrem Grundstück das Wasser ab? Versuchen Sie die Abwasserleitungen und das Gefälle Ihres Grundstücks auf solche Art und Weise zu gestalten, daß das Wasser in Richtung Norden oder Osten abfließt. Idealerweise fließt es in Richtung Nordosten ab.

Schritt 15

Das Grundstück sollte am besten einen Gradienten besitzen, der aus dem Westen in Richtung Osten und aus dem Süden in Richtung Norden abfällt. Falls ein solches Gefälle nicht vorhanden ist, kann man versuchen, es durch Verschiebungen des Erdbodens zu schaffen.

Die Bewertung des Grundstücks

Schritt 16

Überprüfen Sie, ob aus dem Nordosten Wasser vom Grundstück des Nachbarn auf Ihr Grundstück fließt. Ist dies der Fall, sollten Sie untersuchen, ob sich dieser Umstand abwenden läßt. Die Erfahrung hat gezeigt, daß häufig durch Wasser bedingte Schwierigkeiten (Rohrbrüche, Überschwemmungen usw.) auftreten, wenn diese Prinzipien mißachtet werden.

Schritt 17

Achten Sie bitte darauf, daß sich im Nordosten Ihres Grundstücks kein Schmutzwasser oder Abwasser befindet. Wenn es möglich ist, sollten Sie dort mit reinem Wasser arbeiten, indem Sie einen kleinen Teich einrichten oder eine Wassertonne aufstellen. Arrangierungen, die das Trinkwasser betreffen, wie z.B. ein Brunnen, sind im Nordosten gut plaziert.

Schritt 18

Versuchen Sie, die Energien des Nordostens wahrzunehmen, indem Sie sich dort aufhalten und Ihre Gefühle und Eindrücke beobachten, die dort entstehen. Spüren Sie einen Unterschied zu den anderen Bereichen Ihres Grundstücks? Der Nordosten ist mit dem energetischen Nullpunkt des Vastu zu vergleichen. Ihm entspricht das Element Äther, das von äußerst feinstofflicher Natur ist. Die Energien des Nordostens tun Ihnen sehr gut, wenn dieser richtig gestaltet und offen ist.

Das 108-Schritte Programm

Der Südwesten des Grundstücks

Schritt 19

Betrachten Sie daraufhin den auf der Diagonalen gegenüberliegenden Bereich des Südwestens. Er sollte ein möglichst schweres Gegengewicht zum Nordosten bilden und alle schweren Dinge, Konstruktionen, Geräteschuppen usw. beherbergen. Er eignet sich auch als Platz für den Müll.

Schritt 20

Versuchen Sie, den Südwesten möglichst so zu gestalten, daß er den höchsten Punkt auf ihrem Grundstück bildet. Hohe Bäume, die dem Haus und Grundstück Schatten spenden, sind sehr gut, doch auch hohe Masten oder Fahnenstangen können vorrangig im Südwesten plaziert werden.

Schritt 21

Haben Sie den Eindruck, daß im Südwesten negative Einflüsse in ihr Grundstück Einlaß finden? Wenn ja, sollten Sie versuchen, diesen Einhalt zu gebieten. Erfahrene Geomanten werden Ihnen Ratschläge geben können, wie sie die Energien des Südwestens ins Positive umkehren können.

Hierbei kann man mit Steinen arbeiten, die verschiedene glückverheißende Symbole tragen, jedoch auch mit kleinen schweren Pavillons, in denen schützende Wesen plaziert werden.

Sie können dort einen kleinen Pavillon oder Altar errichten, in dem Sie Garuda aufstellen oder ein Yantra installieren (siehe Kapitel *Yantras im Haus*). Garuda hält negative Einflüsse und Wesen fern.

Der Südwesten des Grundstücks

Schritt 22

Ein generelles Prinzip besteht darin, den Südwesten möglichst geschlossen zu halten. Sie können im Südwesten direkt an die Grundstücksbegrenzung heran bauen, was für keine andere Himmelsrichtung empfohlen wird. Die Begrenzungsmauern oder -zäune des Grundstücks sollten im Südwesten am stärksten und höchsten sein.

Schritt 23

Kohlen repräsentieren die Planeten Saturn und Rahu und sollten vor allem im Südwesten und Westen gelagert werden. Unter keinen Umständen gehören sie in den Osten und Nordosten. Auch der Norden ist kein idealer Platz für Kohlen. Der Süden ist ebenfalls kein geeigneter Ort für Kohlen, da er von dem Planeten Mars beherrscht wird.

Schritt 24

Baumaterialien sollten im Südwesten oder im Nordwesten gelagert werden, um den optimalen Fortgang des Bauvorhabens zu gewährleisten.

Schritt 25

Fehler, die im Nordosten auftreten, können durch ein entsprechendes Gegengewicht im Südwesten ausgeglichen werden und umgekehrt. Kritisch wird es erst, wenn in beiden Richtungen Defekte bestehen, die einander ergänzen und zu einer Störung des energetischen Gleichgewichts auf dieser wichtigen Hauptachse des Grundstücks führen. Achten Sie auf dieses harmonische Gleichgewicht zwischen Nordost und Südwest.

Schritt 26

Auf der Nordost-Südwest-Achse fließt die Lebensenergie und konzentriert sich in sechs Chakren. Versuchen Sie, mit Hilfe erfahrener Geomanten oder am besten durch ihre eigene Wahrnehmung, diese Energiezentren auf Ihrem Grundstück zu identifizieren.

Zeichnen Sie diese Orte in den Plan Ihres Grundstücks ein und verdeutlichen Sie sich so die Energetik des Raums. Sind all diese Energiezentren aktiv und offen, so daß die Energien auf Ihrem Grundstück ausgewogen und stark sind? Wenn es Ihnen möglich ist, können Sie diese Frage mit Hilfe eines Pendels oder anderer Hilfsmittel entscheiden. Sollten die Energien dieser Punkte blockiert bzw. gestört sein, so können Sie mit Hilfe von Yantras oder Mandalas arbeiten, die diese Energien korrigieren. Yantras bzw. Mandalas sind geometrische Werkzeuge, die als Symbole im energetischen Bereich sehr wirksam sind. In dem Kapitel *Yantras im Haus* finden Sie nähere Informationen zu diesem Thema. Ziehen Sie für solche Korrekturen einen Fachmann zu Rate, falls Sie sich selbst nicht sicher sind.

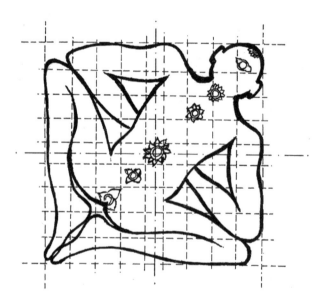

Abbildung 14: Chakren des Vastu-Energiefeldes

Der Südwesten des Grundstücks

Schritt 27

Im Südwesten sollte sich kein Wasser befinden. Achten Sie drauf, daß Mauerwerk und Gebäude im Südwesten trocken sind und die Mauern dort keine Defekte aufweisen. Wasser in dieser Richtung sollte möglichst vermieden werden.

Die Nordwest-Südost-Achse des Grundstücks

Schritt 28

Als nächstes betrachten Sie den Südosten Ihres Grundstücks. Gibt es dort Blockaden, die die Energien des Südostens stören? Solche Störungen wirken sich auf die Energetik sehr stark aus, da der Südosten mit dem Element Feuer verbunden ist. Versuchen Sie, alles, was auf ihrem Grundstück mit dem Element Feuer in Zusammenhang steht, in den Südosten zu verlagern. Gelingt es Ihnen nicht, das Element Feuer im Südosten zu vergegenwärtigen, so sollten Sie irgend etwas tun, um das Feuer im Südosten zu stärken. Hierzu können Sie mit roten Blumen arbeiten, mit regelmäßigen Feuern (z.B. Lagerfeuer, Osterfeuer) Feuerzeremonien usw. Das folgende Yantra können Sie verwenden, um die Feuerenergie zu stärken.

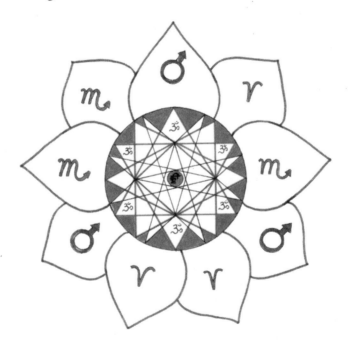

Abbildung 15: Mars-Narasimha-Yantra zur Stärkung des Feuerelements

Die Nordwest-Südost-Achse des Grundstücks

Schritt 29

Auf der gegenüberliegenden Seite des Grundstücks befindet sich der Nordwesten, der dem Element Luft zugeordnet ist. Er steht für Bewegung und Austausch. Alles Bewegliche gehört in diese Richtung, seien es Fahrräder, Autos oder Tiere.

Schritt 30

Überprüfen Sie die Dynamik des Luftelements auf Ihrem Grundstück. Haben Sie bzw. andere Bewohner des Hauses Probleme mit Bewegungseinschränkungen oder haben Sie Probleme mit Fahrzeugen? Schwierigkeiten mit Gästen weisen ebenso wie Trägheit im geschäftlichen Bereich auf Probleme mit dem Luftelement hin. Bestehen solche Blockaden, so sollten Sie versuchen, das Luftelement zu aktivieren. Bringen Sie Bewegung in diesen Bereich, praktizieren Sie die Yoga-Übung des *Pranayama*, die eng mit der Dynamik des Luftelements zusammenhängt oder arbeiten Sie mit dem Feuer-Yantra, das die Luftstörungen regulieren kann.

Schritt 31

Pflanzen Sie im Nordwesten ihres Gartens duftende Blumen und Kräuter, die charakteristische Gerüche aufweisen. Gerüche kommen im Nordwesten durch die starke Präsenz des Luftelements besonders gut zur Geltung.

Schritt 32

Versuchen Sie, auf dieser Diagonalen des Grundstücks, die von Südosten in Richtung Nordwesten verläuft, ein harmonisches Gleichgewicht zu schaffen, um die Dynamik von Feuer und Luft zu fördern. Feuer braucht Luft, um zu brennen und die Luft bedarf der Energie, um zu bewegen. Blockaden auf dieser Diagonalen wirken sich daher lähmend aus und erzeugen Trägheit und Schwerfälligkeit. Suchen Sie auch hier nach energetisch wirksamen Punkten und markieren Sie diese Punkte auf ihrem Grundstücksplan. Hier kann Ihnen ebenfalls ein Pendel helfen, solche Punkte zu orten und ihre Aktivität zu überprüfen.

Energien des Grundstücks

Schritt 33

Haben Sie auf diese Weise die energetisch wirksamen Punkte des Grundstücks gefunden, sollten Sie versuchen, sie in ihrer Gesamtheit wahrzunehmen. Versuchen Sie, ihre Energien einzeln und in der Wechselwirkung zu erspüren oder mit Hilfsmitteln, wie Pendeln und Wünschelruten, zu bestimmen. Sie können zum Ausgleich der Energien mit Yantras und geomantischen Symbolen arbeiten, die Sie auf dem Grundstücksplan einzeichnen oder auflegen. Hierdurch läßt sich bereits eine große Wirkung erzielen. Sie können jedoch auch, wie der slowenische Geomant Marko Pogacnik, mit Steinen und Symbolen auf dem Grundstück selbst arbeiten, um die energetische Situation zu verändern.

Schritt 34

Berücksichtigen Sie bei der Bewertung und Planung des Grundstücks und des Hauses auch die naturgegebenen Energien der Erde, des Wassers und des Kosmos. Finden Sie heraus, ob unter ihrem Haus oder auf ihrem Grundstück Wasseradern verlaufen und zeichnen Sie sich auch die genaue Lage der Energielinien des Hartmann-Gitters in den Grundriß ein. Das Hartmann-Gitter besteht aus kosmischen Energien, die parallel zu den magnetischen Himmelsrichtungen wie ein Netz den gesamten Erdball umspannen. Diese Energielinien liegen in einem Abstand von 2,45 m bzw. 1,95 m in Richtung Ost-West bzw. Nord-Süd.

Die Punkte, an denen sich zwei Hartmann-Linien oder zwei Wasseradern kreuzen, sind für den Menschen und seine Gesundheit gefährlich. Auch die Kreuzungspunkte zwischen Wasseradern und Hartmann-Linien stellen eine energetische Gefahr dar. Schläft oder arbeitet ein Mensch für mehrere Jahre auf einem solchen Punkt, können schwerwiegende chronische Krankheiten die Folge sein. Da die meisten Menschen für solche Punkte nicht sensibel sind, sind diese besonders gefährlich und können auf schleichende Art und Weise selbst Krebs verursachen.

Die folgende Abbildung zeigt den Verlauf solcher Linien, wie sie von einem erfahrenen Geomanten in die Skizze eines Zimmergrundrisses eingetragen wurden.

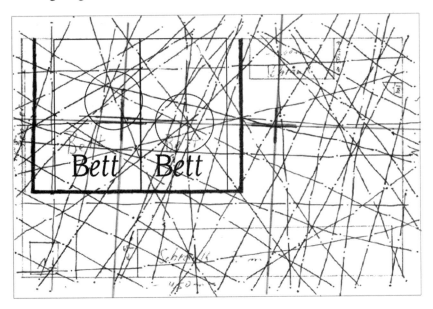

Abbildung 16: Grundriß mit Hartmann-Gitter

Schritt 35

Der Schatten eines Tempels oder einer Kirche sollte nicht auf das Haus fallen. Ist dies der Fall, so sollten Sie Bäume zwischen Haus und Kirche pflanzen.

Eingänge zu Haus und Grundstück

Schritt 36

In welcher Richtung befindet sich der Haupteingang Ihres Grundstücks? Befindet er sich in einem der in den folgenden Diagrammen empfohlenen Bereiche? Wenn nicht, sollten Sie überprüfen, ob sich die Zufahrt zu Ihrem Grundstück bzw. der Hauptzugang verlegen lassen. Insbesondere ein Haupteingang im Süden kann Probleme verursachen, wenn ein solcher Umstand durch zusätzliche Defekte verstärkt wird.

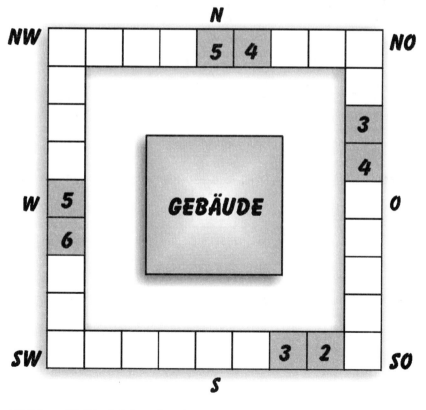

Abbildung 17: Die richtigen Orte für den Haupteingang

Das 108-Schritte Programm

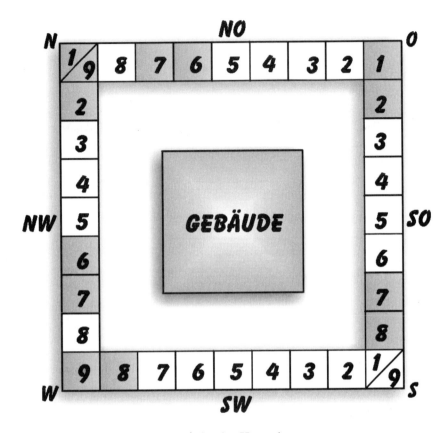

Abbildung 18: Die richtigen Orte für den Haupteingang

Schritt 37

Überprüfen Sie mit Hilfe des vorigen Diagramms die Lage des Haupteingangs Ihres Gebäudes.

Eingänge zu Haus und Grundstück

Schritt 38

Wenn sich der Haupteingang im Süden befindet, so besitzt man die zusätzlichen Korrekturmöglichkeiten, entweder einen Eisennagel in die Tür einzuschlagen oder einen Gegenstand aus Silber an der Tür anzubringen.
Befindet sich der Haupteingang im Westen, so können Sie ein schwarzes Hufeisen über der Tür anbringen. Diese traditionell überlieferten Maßnahmen helfen, den sonst möglichen negativen Einflüssen entgegenzuwirken.

Schritt 39

Das Haupttor zum Grundstück sollte möglichst solide sein und keine größeren Öffnungen besitzen. Ein Tor, das aus einem Gitter besteht, ist daher nicht so gut geeignet, weil es keinen ausreichenden Schutz gegen eindringende negative Energien bietet.

Schritt 40

Blumen vor dem Eingang sollten je nach der Himmelsrichtung unterschiedliche Farben besitzen: Blumen im Osten sind am besten weiß, im Süden orange oder rot, im Westen blau oder lila und im Norden gelb oder bunt.

Schritt 41

Was befindet sich vor dem Haupteingang Ihres Hauses bzw. Ihres Grundstücks? Liegt dort Müll, stehen dort Mülltonnen, befindet sich dort ein baufälliges Haus oder steht dort ein hoher Pfeiler oder Mast? All diese Dinge stellen Hindernisse vor dem Haupteingang dar und erzeugen energetische Blockaden bzw. beeinflussen die Bewohner des Hauses negativ. Sie sollten versuchen, diese Hindernisse vor dem Haupteingang zu entfernen.

Das 108-Schritte Programm

Schritt 42

Das folgende Yantra weist negative Einflüsse ab und kann über dem Haupteingang Ihres Grundstücks bzw. des Hauses aufgehängt werden. Auf diese Weise können Sie Disharmonien, welche durch einen fehlplazierten Eingang verursacht werden, neutralisieren.

Abbildung 19: Narasimha-Schutzyantra

Eingänge zu Haus und Grundstück

Schritt 43

Ist die Eingangshalle Ihres Hauses zu dunkel? In diesem Fall sollten Sie versuchen, Sie mit mehr Licht und positiver Energie zu füllen. Es ist sehr vorteilhaft, dort glückverheißende spirituelle Bilder aufzuhängen.

Schritt 44

Die Tür des Haupteingangs sollte sich nach innen öffnen lassen und die Klinke sollte sich auf der linken Seite befinden (von innen betrachtet).

Schritt 45

Der Haupteingang des Hauses sollte größer sein als alle anderen Eingänge bzw. Ausgänge. Er sollte sich schon optisch als der wichtigste Eingang herausheben. Im Vastu ist es üblich, die Eingangstür mit glückverheißenden Zeichen zu verzieren.

Schritt 46

Ist der Eingangsbereich Ihres Hauses direkt mit der Küche verbunden, so sollten Sie versuchen, diese Verbindung zu schließen. Die Küche sollte ein privater Bereich und nicht für jeden Besucher zugänglich bzw. zu sehen sein.

Schritt 47

Eine Tür sollte sich ohne Geräusche öffnen und schließen lassen. Von der Haustür aus sollte der zentrale Bereich des Hauses nicht sichtbar sein. Es ist vorteilhaft, in der Nähe des Hauseingangs ein Glas mit Wasser aufzustellen.

Die Himmelsrichtungen im Gebäude

Schritt 48

Es gibt einfache Methoden, mit deren Hilfe Sie herausfinden können, welche Himmelsrichtung im Haus für Sie zum Wohnen besonders geeignet sind, und welche Sie besser vermeiden sollten. Es ist ratsam, solche Kriterien bei der Auswahl der persönlichen Schlaf-, Arbeits- und Wohnräume heranzuziehen. Auf Seite 150 finden Sie eine Anleitung, wie Sie Ihre *eigene Richtung* bestimmen können.

Führen Sie diese Berechnungen durch und notieren Sie Ihre Ergebnisse in Ihrem Arbeitsbuch. Im weiteren Verlauf dieses Programms können Sie immer wieder darauf zurückgreifen.

Der Nordosten

Schritt 49

Betrachten Sie den Nordosten Ihres Hauses. Befindet sich dort Müll oder werden dort schwere Dinge gelagert? Der Nordosten sollte sauber, ordentlich und so frei wie möglich gestaltet werden. Entfernen Sie alles aus dem Nordosten, was diesem Prinzip widerspricht. Bringen Sie die schweren Gegenstände in den Südwesten. Diesen Bereich sollten Sie immer so rein wie möglich halten.

Schritt 50

Versuchen Sie, die Räume, die sich im Nordosten befinden, möglichst für anspruchsvolle Tätigkeiten zu nutzen, die nicht zu viel Bewegung oder Hektik mit sich bringen. Am besten richten Sie dort einen Ort zur Entspannung, zur Meditation, zum Lesen oder zum Gebet ein.

Die Himmelsrichtungen im Gebäude

Schritt 51

Vor allem der nordöstliche Bereich des Nordostens des Hauses sollte nicht von Möbeln verstellt werden. Versuchen Sie sich, diesen Bereich zu erschließen und ihn zu nutzen.

Schritt 52

Schwere Gegenstände oder Möbel, die im Norden oder Osten plaziert werden müssen (auch im Nordosten), sollten nicht die nördliche oder östliche Wand berühren, sondern mindestens einen Abstand von 9 cm zu ihnen haben.

Schritt 53

Sie können den Nordosten nutzen, um dort Medikamente oder Kräuter aufzubewahren. Diese entfalten dort ihre beste Wirkung.

Schritt 54

Im Nordosten aller Räume sollten weder Schuhe noch schmutzige Kleider, Putzmittel, Besen oder ähnliches gelagert werden.

Schritt 55

Wenden Sie diese Prinzipien für jeden einzelnen Raum des Hauses an.

Schritt 56

Fehlern, die im Nordosten des Hauses auftreten und nicht korrigiert werden können, sollte man mit Hilfe eines Jupiter-Yantras entgegenwirken. Dieses Yantra sollte dort angebracht werden, wo der spezifische Fehler besteht. Betrifft der Fehler einen bestimmten Raum, so kann das Yantra über dessen Tür aufgehängt werden. Betrifft er ein Fenster, so sollte es im Fenster angebracht werden usw. Das Jupiter-Yantra finden Sie in dem Kapitel *Yantras für die neun Planeten*.

Eine weitere Möglichkeit, um Problemen entgegenzuwirken, deren Ursache in einem fehlerhaften Nordosten liegt, besteht darin, donnerstags bis zum Abend zu fasten.

Solche Korrekturen sollten z.B. in folgenden Fällen angewandt werden, falls sich die Fehler nicht auf andere Weise beheben lassen:

- Toilette im Nordosten
- Nordosten ist abgetrennt
- Nordosten ist dunkel und geschlossen
- Schwere Steine im Nordosten
- Müll im Nordosten
- Nordosten ist höher als die anderen Richtungen
- Küche im Nordosten
- Wasserspeicher oder Brunnen in anderer Richtung
- Schwere Gegenstände oder Möbelstücke im Nordosten
- Heizung im Nordosten
- Kein Platz im Nordosten
- Hohe Bäume im Nordosten
- Schlafzimmer im Nordosten
- Streß, Unruhe oder Hektik im Nordosten
- Keine Fenster im Nordosten
- Keine Veranda im Nordosten

Die Himmelsrichtungen im Gebäude

Der Südwesten

Schritt 57

Betrachten sie nun den Bereich, der dem Nordosten auf der Diagonalen gegenüber liegt. Falls Sie im Nordosten Ihres Hauses einen Defekt vorgefunden haben, den Sie nicht einfach korrigieren konnten, so sollten Sie sehr großen Wert darauf legen, im Südwesten, den folgenden Schritten entsprechend, ein positives Gegengewicht dazu zu schaffen. Hierdurch können Sie in vielen Fällen vermeiden, daß sich der Fehler im Nordosten auswirkt.

Schritt 58

Wie ist der Südwesten Ihres Hauses gestaltet? Versuchen Sie, den Südwesten möglichst geschlossen zu halten, da dort negative Energien in das Haus Einlaß finden könnten. Im Südwesten des südwestlichsten Raumes sollten möglichst schwere Gegenstände oder Möbel aufgestellt werden. Ideal wäre ein Abstellraum oder ein Lager.

Schritt 59

Im Südwesten des Hauses sollten möglichst keine Aktivitäten ausgeführt werden, die viel Veränderung und Bewegung mit sich bringen. Solche Tätigkeiten verlagert man idealerweise in den Nordwesten. Kinder sollten dort ebenfalls nicht schlafen oder wohnen. Ihnen sollte der Westen zukommen.

Schritt 60

Wenn Sie Bilder von Vorfahren oder bedeutenden Persönlichkeiten aufhängen möchten, geschieht dies am besten im Südwesten des Hauses bzw. der Zimmer.

Schritt 61

Überprüfen Sie alle Räume Ihres Hauses auf die Verteilung des Gewichts der Möbelstücke. Versuchen Sie, den Schwerpunkt möglichst weit in Richtung Südwesten zu verlegen. Der Südwesten sollte maximal beschwert werden und der Nordosten sollte leicht und frei sein.

Schritt 62

Achten Sie darauf, daß sich im Südwesten des Hauses und auch im Südwesten der einzelnen Räume möglichst kein Wasser befindet. Dafür sollte sich in Räumen wie einem Studierzimmer, dem Wohnzimmer, der Speisekammer usw. im Nordosten ein Behälter mit frischem Trinkwasser befinden.

Schritt 63

Im Südwesten sollten die Ecken in einem Winkel von 90° konstruiert sein. In einigen Fällen ist es notwendig, die Mauern im Südwesten zu korrigieren, wenn Sie diesem Prinzip widersprechen.

Schritt 64

Prüfen Sie den Zustand der Wände und des Mauerwerks insbesondere im Südwesten. Ist dieser im Südwesten mangelhaft, sind negative feinstoffliche Einflüsse zu erwarten. Der Südwesten sollte immer stark und intakt sein, um diesen Einflüssen keine Angriffsfläche zu bieten.

Die Himmelsrichtungen im Gebäude

Schritt 65

Führen Sie diese Schritte für alle Räume des Hauses durch. Auf diese Weise sollten Sie den Südwesten in allen Räumen mit großer Sorgsamkeit behandeln.

Schritt 66

Fehlern, die im Südwesten des Hauses auftreten und nicht korrigiert werden können, sollte man mit Hilfe eines Rahu-Yantras entgegenwirken. Dieses Yantra sollte dort angebracht werden, wo der spezifische Fehler besteht. Betrifft der Fehler einen bestimmten Raum, so kann das Yantra über dessen Tür aufgehängt werden. Betrifft er ein Fenster, so sollte es im Fenster angebracht werden usw. Das Rahu-Yantra finden Sie in dem Kapitel *Yantras für die neun Planeten*.

Eine weitere Möglichkeit, um Problemen entgegenzuwirken, deren Ursache in einem fehlerhaften Südwesten liegt, besteht darin, am Haupttor oder am Haupteingang eine graue oder vielfarbige Statue von Ganesha aufzustellen. Falls Sie keine Statue von Ganesha bekommen können, hilft auch ein Bild.

Solche Korrekturen sollten z.B. in folgenden Fällen angewandt werden, falls sich die Fehler nicht auf andere Weise beheben lassen:

Das 108-Schritte Programm

- Viel Platz im Südwesten (mehr als im Nordosten)
- Der Südwesten ist unterkellert
- Eine Vertiefung oder ein Loch im Boden
- Brunnen oder Wasserstelle im Südwesten
- Küche im Südwesten
- Südwesten leicht und offen
- Großes Fenster im Südwesten
- Bad im Südwesten
- Erweiterung des Grundstücks oder des Hauses im Südwesten
- Tür im Südwesten
- Südwesten niedriger als die anderen Himmelsrichtungen
- Wasser fließt in Richtung Südwesten ab
- Kein rechter Winkel im Südwesten
- Viel Bewegung und Hektik im Südwesten
- Kind schläft im Südwesten

Das Zentrum

Schritt 67

Betrachten Sie die Mitte Ihres Hauses. Sie liegt zwischen den beiden Polen Nordost und Südwest und bildet das energetische Zentrum des Hauses. Diesen Teil sollten Sie möglichst frei gestalten. Er sollte nicht mit Möbeln oder anderen schweren Dingen verstellt, sondern als ein Raum gestaltet werden, den man für entspannte Tätigkeiten aufsucht. Er sollte möglichst hell gestaltet und mit ausreichender Luftzirkulation versorgt werden. Die idealen Farben zur Gestaltung des Zentrums sind gelb oder weiß. Können Sie in Ihrem Haus einen solchen Ort im Zentrum schaffen, den Sie gerne aufsuchen, um energetisch aufzutanken?

Schritt 68

Versuchen Sie, in jedem Raum ein solches energetisches Zentrum zu schaffen, das die Energien des Nordostens und Südwestens zum Ausgleich bringt. Sie können dort ein Yantra auf dem Boden anbringen, das die Energien des Raumes zentriert. Auch sollten Sie es vermeiden, Lampen genau im Zentrum der Räume aufzuhängen. Sie sollten etwas in Richtung Westen versetzt werden.

Der Südosten

Schritt 69

Betrachten Sie den Südosten Ihres Hauses. In diesem Bereich ist das Element Feuer vorherrschend. Sie sollten so viel Dinge wie möglich im Südosten plazieren, die mit dem Element Feuer in Zusammenhang stehen. Hierzu gehören die Heizung, die Küche, elektrische Geräte im allgemeinen usw.

Schritt 70

Betrachten Sie nun die einzelnen Räume Ihres Hauses. In jedem einzelnen Raum können Sie Veränderungen vornehmen, so daß dem Element Feuer im Südosten sein Platz zugewiesen wird. Sie sollten darauf achten, daß sich in dieser Richtung möglichst kein Wasser befindet. Falls im Südosten eines bestimmten Raumes nichts plaziert werden kann, das auf dem Element Feuer basiert, können Sie dort einfach eine Kerze hinstellen, die sie hin und wieder anzünden.

Schritt 71

Fehlern, die im Südosten des Hauses auftreten und nicht korrigiert werden können, sollte man mit Hilfe eines Venus-Yantras entgegenwirken. Dieses Yantra sollte dort angebracht werden, wo der spezifische Fehler besteht. Betrifft der Fehler einen bestimmten Raum, so kann das Yantra über dessen Tür aufgehängt werden. Betrifft er ein Fenster, so sollte es im Fenster angebracht werden usw. Das Venus-Yantra finden Sie in dem Kapitel *Yantras für die neun Planeten*.

Eine weitere Möglichkeit, um Problemen entgegenzuwirken, deren Ursache in einem fehlerhaften Nordosten liegt, besteht darin, an der Vorder- und Hinterseite des Hauses ein Bild oder eine Statue von Ganesha anzubringen.

Die Himmelsrichtungen im Gebäude

Solche Korrekturen sollten z.B. in folgenden Fällen angewandt werden, falls sich die Fehler nicht auf andere Weise beheben lassen:

- Südosten abgeschnitten
- Südosten blockiert
- Erweiterung im Südosten
- Brunnen oder Teich im Südosten
- Wasser im Südosten
- Bad oder Toilette im Südosten
- Lebensmittel im Südosten
- Südosten niedriger als der Nordosten oder höher als der Südwesten
- Schlafzimmer im Südosten

Der Nordwesten

Schritt 72

Dem Südosten, auf der Diagonalen gegenüberliegend, befindet sich der Nordwesten, wo das Element Luft vorherrscht. Betrachten Sie den Nordwesten ihres Hauses. Kommt das Element Luft dort angemessen zur Geltung? Diese Richtung sollten Sie nicht zu stark beschweren und vor allem für bewegliche Dinge und Tätigkeiten reservieren.

Schritt 73

In welcher Himmelsrichtung befindet sich der Platz zum Abstellen von Autos, Fahrrädern usw.? Hierfür wäre der Nordwesten ideal, da es sich um bewegliche Gegenstände handelt. Versuchen Sie, für solche Zwecke den Südwesten auf jeden Fall zu vermeiden.

Schritt 74

Der Nordwesten eignet sich vor allem als Gästezimmer oder Büro und zur Lagerung von Lebensmitteln.

Schritt 75

Fehlern, die im Nordwesten des Hauses auftreten und nicht korrigiert werden können, sollte man mit Hilfe eines Mond-Yantras entgegenwirken. Dieses Yantra sollte dort angebracht werden, wo der spezifische Fehler besteht. Betrifft der Fehler einen bestimmten Raum, so kann das Yantra über dessen Tür aufgehängt werden. Betrifft er ein Fenster, so sollte es im Fenster angebracht werden usw. Das Mond-Yantra finden Sie in dem Kapitel *Yantras für die neun Planeten*.

Die Himmelsrichtungen im Gebäude

Eine weitere Möglichkeit, um Problemen entgegenzuwirken, deren Ursache in einem fehlerhaften Nordwesten liegt, besteht darin, einen weißen Ganesha am Eingang anzubringen.

Solche Korrekturen sollten z.B. in folgenden Fällen angewandt werden, falls sich die Fehler nicht auf andere Weise beheben lassen:

- Nordwesten abgeschnitten
- Nordwesten blockiert
- Schlafzimmer im Nordwesten
- Bibliothek oder Studierzimmer im Nordwesten
- Erweiterung im Nordwesten
- Ofen oder Heizung im Nordwesten
- Nordwesten höher als der Südwesten oder Westen
- Nordwesten niedriger als Norden oder Nordosten
- Nordwesten niedriger als Südosten
- Nordwesten zu schwer
- Küche im Nordwesten

Der Osten

Schritt 76

Wie nutzen Sie den Osten Ihres Hauses? Haben Sie dort ein Fenster, durch das die Strahlen der frühen Morgensonne in das Haus fallen können? Versuchen Sie, die förderliche Energie dieser Strahlen um diese Zeit zu nutzen, indem Sie den Bereich hinter diesen Fenstern dementsprechend gestalten bzw. verwenden. Sie können dort z.B. eine Sitzgelegenheit, ein Bad oder einen Platz zur Meditation einrichten.

Schritt 77

Unter keinen Umständen sollten sich im Osten Müll, eine Abstellkammer oder der höchste Punkt des Hauses befinden. Ist dies der Fall, sollten Sie überprüfen, ob sich dieses bereits negativ auswirkt und versuchen, eine Lösung zu finden.

Schritt 78

Fehlern, die im Osten des Hauses auftreten und nicht korrigiert werden können, sollte mit Hilfe eines Sonnen-Yantras entgegengewirkt werden. Dieses Yantra sollte dort angebracht werden, wo der spezifische Fehler besteht. Betrifft der Fehler einen bestimmten Raum, so kann das Yantra über dessen Tür aufgehängt werden. Betrifft er ein Fenster, so sollte es im Fenster angebracht werden usw. Das Sonnen-Yantra finden Sie in dem Kapitel *Yantras für die neun Planeten.*
    Eine weitere Möglichkeit, um Problemen entgegenzuwirken, deren Ursache in einem fehlerhaften Osten liegt, besteht darin, der Sonne mit Hilfe von Mantras oder dem Sonnengruß des Yoga Verehrung darzubringen.

Solche Korrekturen sollten z.B. in folgenden Fällen angewandt werden, falls sich die Fehler nicht auf andere Weise beheben lassen:

Die Himmelsrichtungen im Gebäude

- Mauern im Osten höher als im Westen
- Osten höher als Westen, Süden, Südwesten oder Südosten
- Gebäude im Osten höher als in anderen Richtungen
- Kein freier Raum im Osten
- Kein Fenster im Osten
- Hohe Bäume oder Gebäude im Osten
- Tor oder Tür im Osten weist Richtung Südosten
- Müll oder Toiletten im Osten
- Keine Tür im Osten
- Abstellraum im Osten
- Berge im Osten
- Osten dunkel

Das 108-Schritte Programm

Der Norden

Schritt 79

Auf welche Weise nutzen Sie den Norden Ihres Hauses? Er eignet sich sehr gut, um Wertgegenstände aufzubewahren, einen Tresor aufzustellen, ein Büro einzurichten oder allgemein als Wohnbereich. Seine Energien sind weiblich und fördern Kunst, Musik und Kreativität. Gestalten Sie diesen Bereich Ihrer Wohnung möglichst hochwertig, um die positiven Energien des Nordens für die Bewohner des Hauses zugänglich zu machen.

Schritt 80

Fehlern, die im Norden des Hauses auftreten und nicht korrigiert werden können, sollte man mit Hilfe eines Merkur-Yantras entgegenwirken. Dieses Yantra sollte dort angebracht werden, wo der spezifische Fehler besteht. Betrifft der Fehler einen bestimmten Raum, so kann das Yantra über dessen Tür aufgehängt werden. Betrifft er ein Fenster, so sollte es im Fenster angebracht werden usw. Das Merkur-Yantra finden Sie in dem Kapitel *Yantras für die neun Planeten*.

Eine weitere Möglichkeit, um Problemen entgegenzuwirken, deren Ursache in einem fehlerhaften Norden liegt, besteht darin, die Wände der betroffenen Räume mit grüner Farbe zu streichen, Mittwochs bis zum Abend zu fasten, ein Glockenspiel am Eingang des Hauses anzubringen oder einen grünen Papagei im Haus zu halten.

Solche Korrekturen sollten z.B. in folgenden Fällen angewandt werden, falls sich die Fehler nicht auf andere Weise beheben lassen:

Die Himmelsrichtungen im Gebäude

- Küche im Norden
- Abfall oder Abstellraum im Norden
- Tor oder Tür im Norden weist in Richtung Nordwesten
- Wenig oder kein Platz im Norden
- Norden niedriger als der Nordosten
- Norden höher als der Nordwesten oder Süden
- Mauern im Norden höher als im Süden
- Hohe Bäume oder Gebäude im Norden
- Berge im Norden
- Kein Fenster im Norden
- Heizung im Norden

Der Westen

Schritt 81

Wie nutzen Sie den Westen Ihres Hauses? Er steht unter der Herrschaft des Planeten Saturn und ist daher gut geeignet für alles, was mit Nahrungsmitteln und Essen zusammenhängt. Ein Eßzimmer oder eine Speisekammer wären dort richtig plaziert, doch auch ein Studierzimmer oder Kinderzimmer machen sich dort sehr gut. Der Westen steht für Ruhe und ist mit dem Element Wasser verbunden. Sie sollten dort keine Aktivitäten ausführen, die sehr viel physische Energie oder Durchsetzungskraft benötigen wie Management oder sportliche Aktivitäten.

Schritt 82

Fehlern, die im Westen des Hauses auftreten und nicht korrigiert werden können, sollte man mit Hilfe eines Saturn-Yantras entgegenwirken. Dieses Yantra sollte dort angebracht werden, wo der spezifische Fehler besteht. Betrifft der Fehler einen bestimmten Raum, so kann das Yantra über dessen Tür aufgehängt werden. Betrifft er ein Fenster, so sollte es im Fenster angebracht werden usw. Das Saturn-Yantra finden Sie in dem Kapitel *Yantras für die neun Planeten*.

Eine weitere Möglichkeit, um Problemen entgegenzuwirken, deren Ursache in einem fehlerhaften Osten liegt, besteht darin, samstags bis zum Abend zu fasten.

Solche Korrekturen sollten z.B. in folgenden Fällen angewandt werden, falls sich die Fehler nicht auf andere Weise beheben lassen:

Die Himmelsrichtungen im Gebäude

- Haupteingang im Westen
- Bad und Schlafraum der Eltern im Westen
- Küche im Westen
- Feuer oder Heizung im Westen
- Veranda im Westen
- Wasser tritt im Westen aus
- Westen niedriger als der Osten
- Westen höher als der Südwesten
- Westen offen

Der Süden

Schritt 83

Nutzen Sie auch die Energien des Südens richtig? Der Süden sollte nicht zu sehr geöffnet werden. Er eignet sich gut als Schlafzimmer, jedoch nicht für Menschen in deren Konstitution das Element Feuer sehr stark präsent ist oder die unter dem Einfluß eines starken Mars geboren wurden. Falls sich dort ein Wohnzimmer befindet, sollte man darauf achten, daß es nicht die gesamte südliche Seite des Hauses einnimmt. Insbesondere der Südwesten sollte ausgespart bleiben. Auch die südöstliche Ecke dient besser anderen Zwecken. Selbstverständlich könnte ein Kamin im Südosten gebaut werden.

Schritt 84

Fehlern, die im Süden des Hauses auftreten und nicht korrigiert werden können, sollte man mit Hilfe eines Mars-Yantras entgegenwirken. Dieses Yantra sollte dort angebracht werden, wo der spezifische Fehler besteht. Betrifft der Fehler einen bestimmten Raum, so kann das Yantra über dessen Tür aufgehängt werden. Betrifft er ein Fenster, so sollte es im Fenster angebracht werden usw. Das Mars-Yantra finden Sie in dem Kapitel *Yantras für die neun Planeten*.

Eine weitere Möglichkeit, um Problemen entgegenzuwirken, deren Ursache in einem fehlerhaften Osten liegt, besteht darin, einen grünen Ganesha mit dem Rüssel Richtung Süden weisend aufzustellen oder Sri Hanuman zu verehren.

Solche Korrekturen sollten z.B. in folgenden Fällen angewandt werden, falls sich die Fehler nicht auf andere Weise beheben lassen:

Die Himmelsrichtungen im Gebäude

- Bibliothek oder Studierzimmer im Süden
- Tür im Süden mit offenem Platz davor
- Brunnen im Süden
- Schwaches Mauerwerk im Süden
- Terrasse im Süden niedriger als der Fußboden des Hauses
- Südliches Tor oder Tür weist in Richtung Südost
- Südliches Tor oder Tür weist Richtung Südwest
- Viel Platz im Süden
- Süden höher als Südwesten
- Süden niedriger als Norden oder Osten
- Der gesamte Süden wird als Wohnraum genutzt

Das 108-Schritte Programm

Einflüsse der Planeten, der Elemente und feinstofflicher Energien im Haus

Schritt 85

Finden Sie mit Hilfe der Astrologie heraus, welche Planeteneinflüsse in Ihrem Leben zur Zeit förderlich für Sie wären und welche Sie eher vermeiden sollten. Dementsprechend können Sie bestimmen, in welcher Richtung des Hauses die Energien für Sie von Vorteil sind. Versuchen Sie, die Energien der Richtungen zu nutzen, in denen Planeten herrschen, deren Einfluß für Sie gut ist.

Das folgende Diagramm zeigt Ihnen die Herrschaft der neun Planeten über die acht Himmelsrichtungen. Entsprechen die Räume, die Sie derzeit bewohnen bzw. nutzen, Ihren gegenwärtigen Bedürfnissen?

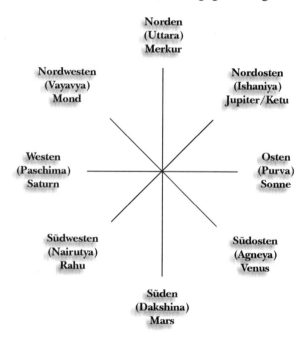

Abbildung 20: Planeten und Himmelsrichtungen

Einflüsse der Planeten, der Elemente und feinstofflichen Energien

Schritt 86

Finden Sie auch heraus, welche Elemente in ihrer ayurvedischen Konstitution gefördert und welche eher abgeschwächt werden müssen. Ist Ihre Konstitution Kapha (Erde/Wasser), so sind die Elemente Feuer, Luft und Äther zu unterstützen, wobei Sie sich im Bereich Südwesten und Westen wahrscheinlich heimisch fühlen. Wollen Sie Ihr Pitta (Feuer/Wasser) erhöhen, bietet sich der Südosten an, während zur Erhöhung des Vata-Elements (Luft/Äther) der Nordwesten und der Nordosten vorzuziehen sind. Tendiert Ihre Konstitution zum Pitta, sollten Sie den Südosten eher vermeiden, um das Feuerelement nicht zusätzlich zu stärken. Ausgleich fänden Sie vor allem im Westen, Norden, Nordwesten, Nordosten und Südwesten. Ebenso findet der Vata-Typ Erdung im Südwesten und Westen, während der Süden und Südosten ihm Energie geben können. Für ihn wäre der Nordwesten hingegen ungünstig. Finden Sie heraus, wie Sie sich die räumlichen Energien der Elemente nutzbar machen können. Ihre ayurvedische Konstitution können Sie von einem erfahrenen Ayurveda-Therapeuten bestimmen lassen oder selbst mit Hilfe der Checkliste im Anhang herausfinden.

Schritt 87

Finden Sie in Ihrer Wohnung einen Ort, wo Sie sich entspannen, meditieren oder in Ruhe ein Buch lesen können? Erfüllen die dafür vorgesehenen Orte ihren Zweck, oder werden sie hierfür nur ungern oder gar nicht genutzt? Die Ursachen für einen solchen Fall liegen häufig in der falschen Wahl des Ortes.
Versuchen Sie für Meditation, Entspannung und Studium im Nordosten des Hauses Platz zu schaffen. Auch der Westen kann für einen solchen Zweck angemessen sein. Machen Sie ein Experiment und finden Sie den besten Platz für diese Tätigkeiten heraus.

Das 108-Schritte Programm

Schritt 88

Haben Sie das Gefühl, daß die weiblichen und männlichen Energien im Haus ausgeglichen sind, oder gibt es diesbezügliche Ungleichgewichte bzw. Spannungen?

Wenn ja, sollten Sie schauen, ob sich diese Symptome im Haus widerspiegeln. Der Norden, der Süden und der Nordwesten stehen ebenso für die weiblichen Energien wie die Mondfenster. Der Osten und Nordosten repräsentieren ebenso wie die Sonnenfenster den männlichen Aspekt.

Das folgende Gayatri-Yantra kann verwendet werden, um die männlichen und weiblichen Energien auszugleichen bzw. falls erforderlich, die weiblichen Energien zu stärken.

Abbildung 21: Gayatri-Yantra zum Ausgleich der weiblichen und männlichen Energien

Einflüsse der Planeten, der Elemente und feinstofflichen Energien

Schritt 89

Einen ähnlichen Effekt zur feinstofflichen Korrektur wie durch Yantras erzielen Sie auf folgende Weise:

Sie können in den Grundriß Ihres Hauses den *Vastupurusha* einzeichnen, der mit dem Kopf in Richtung Nordosten liegen sollte. Zeichnen Sie ihn so groß, daß er in ein um das gesamte Haus herum gelegtes Quadrat hineinpaßt. Dadurch können Sie auf subtile Weise die Energien Ihres Hauses ausgleichen. Eine andere Möglichkeit besteht darin, das Yantra zur Richtungskorrektur, das in dem Kapitel *Yantras im Haus* abgedruckt ist, auf eine transparente Folie zu kopieren und mit der richtigen Orientierung und Größe auf den Grundriß zu legen.

Fenster

Schritt 90

Beachten Sie die Fenster rechts vom Haupteingang des Hauses (von innen gesehen). Diese Fenster werden als Sonnenfenster bezeichnet, da sie unter der Herrschaft der Sonne stehen, die das männliche Prinzip verkörpert. Diese Fenster sollten sich vom technischen und ästhetischen Standpunkt her in einem guten Zustand befinden, da sonst die männlichen Bewohner des Hauses negativ betroffen sind. Achten Sie auch darauf, was sich hinter diesen Fenstern befindet. Es sagt viel aus über die männliche Energie im Haus.

Schritt 91

Die Fenster links vom Haupteingang (von innen betrachtet) sind die Mondfenster und unterstehen der Herrschaft des Mondes. Kümmern Sie sich auch um den Zustand dieser Fenster, um die weiblichen Energien des Hauses zu stärken. Auch das, was sich hinter bzw. vor diesen Fenstern befindet, beeinflußt die weiblichen Bewohner des Hauses.

Schritt 92

Befinden sich die Sonnenfenster in einem schlechten Zustand oder befinden sich dahinter die falschen Räume, so sind negative Einflüsse auf die männlichen Bewohner des Hauses zu erwarten. Diese können sich mit Hilfe eines Rubins gegen solche Einflüsse schützen.

Sind die Mondfenster negativ betroffen, so können sich die weiblichen Bewohner schützen, indem sie Süßwasserperlen tragen, die den Mond stärken.

Schritt 93

Haben Sie das Gefühl, daß ein bestimmtes Fenster die Energien des Hauses negativ beeinflußt, so können Sie ein auf eine durchsichtige Folie gemaltes bzw. kopiertes Yantra in dem Fenster befestigen. Dieses kann nach astrologischen Gesichtspunkten ausgewählt werden. Man stimmt es darauf ab, welcher Planeteneinfluß in dem jeweiligen Fall gestärkt bzw. abgeschwächt werden sollte.

Die Innenausstattung des Hauses

Schritt 94

Schauen Sie nach, in welchen Richtungen in Ihrem Haus die Spiegel hängen. Sie sollten im allgemeinen an östlichen und nördlichen Wänden aufgehängt werden.

Schritt 95

Auch die Waschbecken gehören an die nördlichen und östlichen Wände.

Schritt 96

Uhren sollten nicht an südlichen Wänden hängen.

Schritt 97

Wo stehen in Ihrem Haus die Bücher? Sie sollten nicht im Südwesten oder Nordwesten eines Zimmers gelagert werden, sondern am besten im Norden und Osten. Andererseits werden sie entweder nie gelesen (im Südwesten) oder verschwinden leicht (im Nordwesten). Idealerweise stellt man Bücher nicht zu eng, sondern gibt ihnen großzügig Raum.

Schritt 98

In welche Richtungen führen Sie die wichtigsten Tätigkeiten im Haus aus? Arbeiten, meditieren, kochen, Gespräche mit Gästen usw. sollten Sie in Richtung Osten ausführen. Richten Sie die Sitzgelegenheiten so

Die Innenausstattung des Hauses

ein, daß Sie beim Gespräch mit Gästen oder Kunden immer Richtung Osten schauen. Der Norden ist für diesen Zweck als Richtung ebenfalls akzeptabel.

Medikamente, Nahrungsergänzungsmittel, Kräutertees und andere Mittel, die die Gesundheit fördern, sollten in Richtung Nordosten eingenommen werden.

Schritt 99

In welcher Richtung befindet sich das Kopfende der Betten? Sie sollten es vermeiden mit dem Kopf in Richtung Norden zu schlafen, während der Süden für die Gesundheit, der Westen für den Wohlstand und der Osten für die geistige und spirituelle Entwicklung sehr gut sind. Gäste sollten mit dem Kopf in Richtung Westen schlafen.

Schritt 100

Nach dem Aufstehen sollte man zunächst in Richtung Osten oder Norden schauen. Auch die ersten Schritte sollten in Richtung Osten oder Norden getan werden. Daher ist es gut, Türen in diesen Richtungen zu besitzen. Man sollte morgens nach dem Aufstehen nicht als erstes Wasser sehen. Am besten ist es, wenn der Blick als erstes auf ein spirituell inspirierendes Motiv fällt.

Schritt 101

Man sollte mit seinen Füßen nicht in Richtung einer Tür schlafen. Schränke, Türen und Fenster sollten einander gegenüber liegen.

Schritt 102

Schränke mit wichtigen Dokumenten sollten an östlichen Wänden stehen. Schränke mit wertvollen Gegenständen sollten sich nicht in Richtung Süden öffnen lassen. Rechtsunterlagen sollten nicht im Südosten gelagert werden, da sonst der Streit zunimmt. Werden sie im Süden aufbewahrt, droht Verlust. Lagern sie im Safe oder in der Kasse, so werden die Finanzen in Mitleidenschaft gezogen. Man plaziert sie idealerweise im Norden oder Osten mit einem Yantra von Narasimhadeva.

Schritt 103

Achten Sie bei Teppichen, die Sie auslegen oder Bilderrahmen, die Sie aufhängen, auf die Proportionen. Im Vastu gibt es eine Vielzahl glückverheißender Proportionen, die je nach Wunsch ausgewählt werden können. Sie können auch auf andere glückverheißende Proportionen wie den goldenen Schnitt zurückgreifen.

Sie werden überrascht sein, wie stark die Raumqualitäten durch die richtige Abstimmung der Maße beeinflußt werden.

Natürlich betrifft dieser Punkt auch die Raumproportionen bzw. die Maße des gesamten Hauses und Grundstücks, doch lassen sich solche Parameter im allgemeinen im nachhinein nicht mehr korrigieren.

Schritt 104

Vastu empfiehlt nicht, das gesamte Haus zu unterkellern. Der Norden und Osten bieten sich ebenso zur Unterkellerung an wie der Nordosten. Falls das gesamte Haus unterkellert ist, sollte man vorwiegend den Norden oder Osten für hochwertige Zwecke verwenden. Die restlichen Bereiche haben schlechtere Energien.

Die Innenausstattung des Hauses

Schritt 105

Kranke sollten sich im Nordwesten oder im Südwesten auskurieren. Als Wandfarben fördern vor allem hellblau, grün und gelb (ebenfalls hell und leuchtend) die Heilung von Krankheiten.

Schritt 106

Es wird im Vastu nicht empfohlen, unglückverheißende Bilder aufzuhängen. Die Motive sollten inspirierend oder spirituell bedeutsam sein. Naturbilder sind ebenfalls sehr förderlich.

Schritt 107

Im Schlafzimmer sollte sich kein Wasseranschluß befinden. Wertgegenstände und Geld sollten hingegen im Schlafzimmer untergebracht werden.

Schritt 108

Die Anzahl der Stufen einer Treppe sollte möglichst ungerade sein.

Schritt 109

Bringen Sie die Torbeleuchtung rechts vom Eingang an (von innen betrachtet).

Schritt 110

Falls in dem Haus ein Kind entbunden werden soll, so wäre ein Raum in Richtung Ost-Nordost geeignet, um eine leichte Geburt zu gewährleisten.

Schritt 111

Haustiere halten Sie am besten im Nordwesten des Hauses.

Schritt 112

Lagern Sie im Südosten keine größeren Mengen von Lebensmitteln. Das beeinflußt die Gesundheit der weiblichen Bewohner des Hauses negativ.

Schritt 113

Die Anzahl der Räume in einem Haus, die mit einer Tür versehen sind, sollte ungerade sein.

Schritt 114

Befindet sich im Süden oder Westen des Hauses eine Veranda, so sollte Sie höher liegen, als der Fußboden des Hauses. Befindet sie sich im Norden oder Osten, so sollte ihr Boden niedriger sein als der des Hauses.

Schritt 115

Falls sich Verandas im Norden und Osten des Hauses befinden, ist es vorteilhaft, sie miteinander zu verbinden. Eine Unterbrechung zwischen ihnen wäre nicht von Vorteil.

Die Innenausstattung des Hauses

Schritt 116

Für Arbeiten an einem neuen Haus sollte kein altes bzw. gebrauchtes Baumaterial benutzt werden. Das gleiche gilt auch für die Renovierung eines alten Hauses.

Schritt 117

Die Toilettensitze sollten nicht in Richtung Osten oder Westen weisen.

Die Küche

Schritt 118

Nutzen Sie die Küche, um Gäste einzuladen und für gesellige Gespräche? Dadurch könnte die Tendenz zu Streit im Haus verstärkt werden. Die Küche sollte vor allem zum Kochen und Energetisieren der Nahrung genutzt werden.

Schritt 119

Wo befindet sich Ihre Küche? Sie wäre am besten im Südosten plaziert, doch auch der Nordwesten ist akzeptabel. Die anderen Himmelsrichtungen sind für die Küche weniger geeignet. Falls sich Ihre Küche in einem anderen Bereich des Hauses befindet, sollten Sie versuchen, den Herd im Südosten der Küche zu plazieren und ein Mandala zur Förderung des Elements Feuer und des Planeten Mars in der Küche aufzuhängen.

Schritt 120

In der Küche sollten sich die Wasserinstallationen wie die Spüle im Nordosten befinden. Sie sollten nicht im Südosten dieses Raumes plaziert werden, um einen Konflikt zwischen Wasser und Feuer zu vermeiden. Stellen Sie die schweren Schränke in den Südwesten der Küche und den Kühlschrank in den Nordwesten. Dadurch erreichen Sie die bestmögliche Harmonie zwischen den Elementen.

Schritt 121

Achten Sie darauf, daß sich der Herd nicht gegenüber einer Tür befindet.

Die Küche

Schritt 122

Wird ein Herd im Südosten der Küche aufgestellt, so sollte er dort weder die östliche noch die südliche Wand berühren. Er sollte dort jeweils 9 cm Abstand zu den Wänden haben. Über der Kochstelle sollte kein Trinkwasser aufbewahrt werden, da sonst die reizbare Energie des Feuers durch das Wasser auf die Menschen übertragen werden kann.

Schritt 123

Es sollte in Richtung Osten gekocht werden.

Schritt 124

Sie sollten in der Küche keine größeren Mengen Getreide oder Lebensmittel lagern. Dafür richten Sie besser einen Raum in der Nähe der Küche oder am besten im Nordwesten des Hauses ein, um den Konflikt der Planeten Mars und Saturn zu vermeiden. Bewahren Sie in der Küche nur solche Mengen auf, die zum Kochen benötigt werden.

Schritt 125

Befindet sich die Küche links von der Eingangstür (von innen betrachtet), und besitzt sie ein Fenster in dieser Richtung, so sollten Sie im oberen Bereich dieses Fensters ein auf eine Folie kopiertes Mars-Yantra aufhängen. Hinter einem solchen Fenster wird der Mars durch den Mond geschwächt, was sich negativ auf die Küche auswirken könnten.

Das 108-Schritte Programm

Schritt 126

Der Fußboden der Küche sollte ein Gefälle in Richtung Nordosten aufweisen, so daß das Wasser auf dem Fußboden in diese Richtung abfließt. Falls Sie den Boden der Küche neu fliesen, sollten Sie im Nordosten einen Bodenabfluß anbringen.

Schritt 127

Eßzimmer und Küche sollten möglichst voneinander getrennt werden. Falls Sie trotzdem einen Eßtisch in der Küche wünschen, so wäre dieser am besten im Westen aufzustellen.

Schritt 128

Mit elektrischer Energie zu kochen ist für die Energie der Nahrung nicht förderlich. Einem Elektroherd wäre ein Gasherd vorzuziehen.

Schritt 129

Befindet sich die Küche unter oder neben einer Toilette? Dieses sollte prinzipiell vermieden werden. Falls es sich nicht vermeiden läßt, sollten Sie darauf achten, daß sich der Herd nicht direkt neben bzw. unter der Toilettenschüssel befindet.

Schritt 130

Ist in der Küche für ausreichende Lüftung bzw. Luftzirkulation gesorgt? Besonders in der Küche sollte auf ein ausgeglichenes Verhältnis aller fünf Elemente geachtet werden, da dadurch die Qualität der Nahrung wesentlich beeinflußt wird.

Die Küche

Schritt 131

Wandschränke zur Lagerung von Vorräten und Töpfen in der Küche sollten sich nur an den südlichen und westlichen Wänden befinden.

Schritt 132

Das Element Äther wird in der Küche durch den Raum im Zentrum repräsentiert. Das Zentrum der Küche sollte frei sein. Hängen Sie dort keine Lampe auf und verstellen Sie es nicht mit Gegenständen oder Möbelstücken.

Die Speisekammer

Schritt 133

Die Speisekammer sollte sich im Nordwesten oder im Westen des Hauses befinden. Innerhalb der Speisekammer sollten Sie die Jahresvorräte im Südwesten und die täglichen Vorräte im Nordwesten lagern. Achten Sie darauf, daß die Vorratsbehälter niemals ganz geleert werden, so daß der Energiefluß nicht zum Stocken kommt.

Schritt 134

Öle, Fette und andere brennbare Materialien sowie Gasflaschen und Streichhölzer sollten im Südosten der Speisekammer mit einem Mindestabstand von 60 cm zur Wand gelagert werden.

Schritt 135

In der Speisekammer sollte im Nordosten ein Gefäß mit frischem Trinkwasser stehen, um das für Lebensmittel notwendige Element des reinen Wassers entsprechend zur Geltung zu bringen.

Farben im Haus

Schritt 136

Gefallen Ihnen die Farben, in denen die einzelnen Räume gestrichen sind? Unterstützen sie die Qualität der Himmelsrichtungen bzw. der Planeten, die diese Himmelsrichtungen beherrschen?

Zuordnung der Farben zu den Himmelsrichtungen

Himmelsrichtung (herrschender Planet)	Farbe
Osten (Sonne)	leuchtendes weiß
Westen (Saturn)	dunkelblau
Norden (Merkur)	grün
Süden (Mars)	korallrot, pink
Nordosten (Jupiter)	goldgelb, gelb
Südwesten (Rahu)	schwarz, grau, grün
Südosten (Venus)	silbriges weiß
Nordwesten (Mond)	weiß, helles gelb
Zentrum	weiß, helles gelb

Schritt 137

Die Farben sollten auch auf die Funktion der jeweiligen Räume abgestimmt werden. Hierbei muß man zwischen der Farbe der Himmelsrichtung und der Farbe des Raumes abwägen.

Schritt 138

Letztendlich sollten die Farben der einzelnen Räume auch auf die Personen abgestimmt werden, die in ihnen wohnen oder arbeiten. Auch hierbei sollten die Planeteneinflüsse berücksichtigt werden.

Zuordnung von Farben zu den Sternkreiszeichen der Bewohner

Sternkreiszeichen	*vorgeschlagene Farben*
Widder	korallrot
Stier	weiß wie Milch
Zwillinge	grün
Krebs	rose, weiß wie Perlen
Löwe	dunkelweiß, rubinrot
Jungfrau	verschiedene Farben, verschiedene Grüntöne
Waage	Zementfarben, weiß wie Milch
Skorpion	korallrot, pink
Schütze	golden, gelb

Steinbock	dunkelrot, grau
Wassermann	blau, pink oder grau
Fische	gelb, strahlendes weiß

Schritt 139

Falls Sie vorhaben, Ihr Haus neu zu streichen, so werden im Vastu die folgenden Farben empfohlen, je nachdem, in welcher Richtung sich die Frontseite des Hauses befindet:

Osten	weiß
Südosten	grau
Süden	rot
Südwesten	grün
Westen	blau
Nordwesten	weiß
Norden	grün
Nordosten	gelb

Kommerzielle Räume

Schritt 140

In welche Richtung verkaufen Sie? Stellen Sie den Verkaufstresen so, daß Sie beim Verkauf in Richtung Osten blicken.

Schritt 141

In welcher Richtung lagern Sie Dinge, die schnell verkauft werden sollen bzw. fertige Waren? Am besten sollten sie sich im Nordwesten befinden.

Schritt 142

Schaukästen zum Ausstellen der Ware sollten sich im Süden oder Westen befinden

Schritt 143

Vermeiden Sie im Verkaufsraum einander kreuzende Balken an der Decke.

Schritt 144

Der Verkaufstresen sollte möglichst aus Holz gefertigt werden und sich im Südosten, Südwesten oder Nordwesten befinden.

Kommerzielle Räume

Schritt 145

Der Verkaufstresen sollte möglichst keine Rundungen, sondern vorwiegend rechte Winkel besitzen.

Schritt 146

Alte Akten sollten vorwiegend im Südwesten gelagert werden, während die tägliche Buchführung im Nordwesten verrichtet werden sollte.

Schritt 147

Sie sollten ein Lager im Südwesten einrichten, das möglichst immer gefüllt sein sollte.

Schritt 148

Der Besitzer eines Geschäftes sollte sein Büro im Südwesten eines Geschäftshauses einrichten und Richtung Osten, Norden oder Nordosten arbeiten.

Schritt 149

Ein Konferenzraum wird am besten im Nordwesten eingerichtet, da im Nordwesten die Kommunikation gefördert wird.

Schritt 150

Computer, Klimaanlage und Kopiergeräte funktionieren am besten im Südosten.

Das 108-Schritte Programm

Korrekturen mit Hilfe eines Spiegels

Schritt 151

Befindet sich in Ihrer Nachbarschaft ein sehr großes Haus oder eine Fabrik, so sollten Sie entweder Bäume pflanzen oder einen Springbrunnen zwischen Ihrem Haus und dem Nachbargebäude anlegen oder einen Spiegel an Ihrem Haus anbringen, der das gesamte Nachbargebäude reflektiert.

Schritt 152

Weist die Ecke eines Nachbargebäudes auf Ihr Haus, so wirken durch diese Projektion negative Energien, die umgelenkt werden können, indem Sie an Ihrem Haus einen Spiegel befestigen, der die störende Ecke des Nachbargebäudes reflektiert. Dieser Spiegel kann auch verdeckt aufgestellt werden, um keine Störungen zu verursachen.

Schritt 153

Enge Gänge repräsentieren den Schattenplaneten Ketu und gelten als unglückverheißend. Sie können diesen Fall kompensieren, indem Sie auf beiden Seiten eines solchen Ganges Spiegel anbringen. Dadurch wird zusätzlicher Raum geschaffen und die energetische Situation ändert sich zum Positiven.

Schritt 154

Im Norden und Osten sollte sich möglichst viel Raum befinden. Insbesondere der Nordosten sollte frei und geräumig sein. Daher ist der Nordosten die einzige Ecke, in der Erweiterungen des Hauses oder des Grundstücks vorteilhaft sind. Sie können in diesen Richtungen (Nor-

Korrekturen mit Hilfe eines Spiegels

den, Osten und Nordosten) Spiegel anbringen, um dort auf diese Weise zusätzlichen Raum zu schaffen. Insbesondere wenn der Norden, Osten oder Nordosten zu eng sind, sollte diese Methode angewandt werden.

Schritt 155

Spiegel können auch gegenüber fehlplazierten Eingängen aufgehängt werden, um die negativen Energien, die durch einen solchen Eingang Einlaß finden, zu reflektieren. Sie können auf einem solchen Spiegel auch ein entsprechendes Yantra anbringen, um die Wirkung zu verstärken.

Was ist der nächste Schritt?

Sind Sie durch das 108-Schritte-Programm hindurchgegangen und haben all die für Sie möglichen Veränderungen vorgenommen? Wenn ja, bin ich sehr gespannt, ob Sie das Gefühl haben, die Qualität Ihres Wohnraumes verbessert zu haben. Schreiben Sie mir von Ihren Erfahrungen und auch Ihre Vorschläge zur Verbesserung dieses Programms. Im Rahmen der Akademie „Burg Schöna" können Sie Seminare zum Thema Vasati besuchen und auch eine qualifizierte Ausbildung zum Vasati-Berater absolvieren.

Das Wort *Vasati* hat im Sanskrit die gleiche Bedeutung wie Vastu. Die Akademie „Burg Schöna" verwendet den Begriff *Vasati*, um die besondere Form des Vastu zu bezeichnen, die sie vertritt und lehrt.

Vasati ist die moderne, für europäische Verhältnisse angemessenen Form des Vastu.

Interessenten wenden sich bitte an die folgende Adresse:

Akademie "Burg Schöna"
Stichwort Vasati
Hirschgrund 94
01814 Schöna
Tel. 035028-80981
Fax 035028-80982

Die Auswahl des Baugrundstücks

Vastu für ein neues Haus

Das hier vorgestellte Programm ist sehr hilfreich und effektiv, wenn es darum geht, ein bereits bestehendes Haus mit einfachen Mitteln den Gesetzen des Vastu entsprechend zu verbessern. Selbstverständlich gelten die zum Ausdruck kommenden Prinzipien auch für den Neubau eines Hauses, doch hat man in einem solchen Fall viel mehr Möglichkeiten.

Hier sei in knapper Form ein Überblick gegeben, welche Schritte notwendig sind, wenn man sein Haus von Anfang an nach Vastu bauen möchte. Zur Vertiefung dieser Punkte sollte man zusätzliche Fachliteratur bzw. einen Vastu-Experten konsultieren.

Die Auswahl des Baugrundstücks

Sehr große Sorgfalt sollte bei der Auswahl des Baugrundstücks aufgewendet werden. Es sollte nicht nur das Grundstück selbst, sondern vor allem auch seine Umgebung in Betracht gezogen werden. Die größte Wirkung haben in Vastu von der Natur geschaffene Einflüsse. Gutes Bauland sollte die folgenden Eigenschaften besitzen:

- Es besitzt eine möglichst regelmäßige Form.
- Es ist in die Haupthimmelsrichtungen ausgerichtet.
- In seinem Norden oder Osten befinden sich keine Berge.
- Berge im Süden und Westen sind sehr gut.
- Zwischen 9.00 Uhr und 12.00 Uhr fällt kein Schatten auf das Grundstück.
- Zwischen 15.00 Uhr und 18.00 Uhr fällt möglichst wenig Sonne auf das Grundstück und vor allem auf das Haus.
- Hohe Bäume im Norden und Osten sind nachteilig.
- Hohe Bäume im Süden und Westen des Grundstücks bzw. in dessen Nähe sind sehr gut.
- Wasser im Norden, Osten oder Nordosten des Grundstücks ist sehr vorteilhaft.

- Es sollte sich auf dem Grundstück bzw. in der Nähe des Grundstücks kein Wasser im Süden, Westen oder Südwesten befinden.
- Das Grundstück sollte ein leichtes Gefälle in Richtung Nordost besitzen.
- Der Süden des Grundstücks sollte höher liegen als der Norden
- Der Westen des Grundstücks sollte höher liegen als der Osten
- Die Erde sollte einen süßen Geschmack, angenehmen Geruch und eine angenehme Farbe besitzen.

Die Plazierung der Gebäude

Hat man ein günstiges Grundstück gefunden, ist dieses zunächst von allen unglückverheißenden Gegenständen zu säubern. Daraufhin wählt man den geeigneten Ort für die Gebäude aus. Hierbei sollte man die folgenden Punkte beachten:

- Das Hauptgebäude sollte seinen Schwerpunkt möglichst in südwestlicher Richtung besitzen.
- Im Norden und Osten ist mehr Platz erwünscht als im Süden und Westen.
- Terrasse, Veranda und Balkon sind in Richtung Norden, Osten und Nordosten zu planen.
- Das Haus sollte am besten in Richtung Norden oder Osten ausgerichtet werden.
- Ein Brunnen sollte im Nordosten des Hauses gegraben werden. Dieser Maßnahme kommt im Vastu eine sehr große Bedeutung zu.
- Am besten bestimmt hierzu ein erfahrener Geomant die wichtigsten Energielinien und -punkte des Grundstücks und zeichnet sie in eine detaillierte Skizze ein. Vor allem das Hartmann-Gitter und die Wasseradern sollten in die Grundrißplanung und die Aufteilung des Grundstücks mit einbezogen werden.

Der richtige Zeitpunkt

Bevor man den ersten Spatenstich tut, bestimmt man den richtigen Zeitpunkt für den Beginn des Bauvorhabens. Man mag sonst den perfekten Raum kreieren, doch wenn der Bau zum falschen Zeitpunkt beginnt, mag der Einfluß der Planeten das gesamte Vorhaben zum Scheitern bringen. Zu diesem Zweck kann man einen erfahrenen Astrologen konsultieren, der gleichzeitig mit der Wissenschaft des Vastu vertraut ist. Daher sind die Grundlagen der vedischen Astrologie in die Vastu-Ausbildung integriert. Vastu ist die vollkommene Koordination von Raum und Zeit, um das beste Ergebnis zu erreichen.
Weiterhin sollte man Mutter Erde und dem *Vastupurusha*, dem Geist des Grundstücks, seine Verehrung darbringen, bevor man den Bau beginnt. Auch für diese Zeremonie ist es von Vorteil, den rechten Zeitpunkt zu bestimmen.
   Schließlich sind auch die einzelnen Abschnitte des gesamten Bauvorhabens in Einklang mit den Zeitzyklen zu planen.

Für den Beginn wichtiger Bauvorhaben, Konstruktionen und Renovierungen sind die folgenden Einschränkungen zu beachten:

- Baubeginn an Dienstagen und Samstagen ist unvorteilhaft.
- Vermeiden Sie den Beginn eines Bauvorhabens zu Zeitpunkten mit Aszendent Widder, Krebs, Waage oder Steinbock.
- Beginnen Sie nicht mit einem Bauvorhaben, wenn sich im dritten, sechsten und elften Haus des Horoskops des jeweiligen Zeitpunktes negative Planeten befinden.
- Befinden sich hingegen positive Planeten im sechsten, achten und zwölften Haus, ist der Baubeginn ebenfalls zu vermeiden.
- In den Nakshatras Hasta, Pushya, Magha, Purvashadha und Mula sollte nicht gearbeitet werden, falls sie auf einen Dienstag fallen oder mit Mars assoziiert sind. Andernfalls besteht die Gefahr, daß Feuer ausbricht, Diebstahl stattfindet und der Sohn mit Sorgen konfrontiert wird.
- Der Baubeginn ist zu vermeiden, wenn die Sonne geschwächt oder erniedrigt ist. Das gleiche gilt für die Zeit des Sonnenuntergangs.

Vasati für ein neues Haus

- Das gleiche gilt, wenn der Mond erniedrigt oder schwach ist.
- Falls Jupiter am Tag des Baubeginns geschwächt oder erniedrigt ist, ist der Verlust von Reichtum unvermeidbar.
- Beginnen Sie ebenfalls kein Bauvorhaben im vierten, neunten oder vierzehnten Tithi des vedischen Mondkalenders.
- Aszendent Löwe wirkt sich zur Zeit des Baubeginns sehr negativ aus.
- Wenn sich die Sonne in den Zwillingen, in Jungfrau, Schütze oder den Fischen befindet, ist der Baubeginn ebenfalls zu vermeiden.

Die Konstruktion eines Hauses oder die Grundsteinlegung sollten vorgenommen werden, wenn die folgenden Kriterien erfüllt sind:

- Die Nakshatras Pushya, Rohini, Mrigashira, Shravana, Ashlesha und die drei Uttaras sind in Verbindung mit Jupiter sehr vorteilhaft. Insbesondere ein Donnerstag eignet sich sehr gut zum Baubeginn.
- Die Nakshatras Ashvini, Chitra, Vishaka, Dhanistha, Shatabhisha und Ardra verhelfen zu Wohlstand, vor allem, wenn sie auf einen Freitag fallen.
- Die Nakshatras Ashwini, Chitra, Rohini, Purva-phalguni und Hasta bringen Glück, Wohlstand und eine gesunde Familie, vor allem, wenn sie auf einen Mittwoch fallen.
- Sind zu Zeit des Baubeginns Jupiter, Venus, Sonne und Mond stark und erhöht, so sind gute Ergebnisse zu erwarten.
- Wenn sich die Sonne zur Zeit der Grundlegung in den folgenden Sternkreiszeichen befindet, sind gute Ergebnisse zu erwarten:

Die Aufteilung des Grundrisses

Widder	Ansehen
Stier	Reichtum
Krebs	glückverheißend
Löwe	Glück
Steinbock	fördert den Besitz
Waage	Glück
Skorpion	fördert Reichtum
Wassermann	Edelsteine und Reichtum

Die Aufteilung des Grundrisses

Zur Planung des Hauses sollte dieses mit dem *Vastupurusha Mandala* in Einklang gebracht werden. Die Aufteilung des Hauses ergibt sich aus diesem Mandala, dessen Gitterlinien mit Stöcken und Seilen auf das Grundstück übertragen werden sollten, bevor das Fundament ausgehoben wird.

Für die Aufteilung des Hauses gelten die folgenden grundlegenden Prinzipien:

- Küche im Südosten
- Eßzimmer im Westen
- Speisekammer im Nordwesten
- Schlafzimmer für Erwachsene im Süden oder Südwesten
- Kinderzimmer im Westen
- Abstellraum im Südwesten oder Süden
- Büro im Nordwesten
- Studierzimmer oder Atelier im Westen
- Schätze und Tresor im Norden
- Toiletten und Bäder zwischen Westen und Südwesten, Westen und Nordwesten oder Norden und Nordwesten
- Bad ohne Toilette im Osten
- Wohnzimmer im Norden, Osten und Nordosten

- Freier offener Raum im Zentrum des Hauses
- Entbindungszimmer in Richtung Ost-Nordost
- Gästezimmer im Nordwesten
- Salon im Süden
- Rezeption im Osten
- Heizung und Sauna im Südosten
- Müllraum im Südwesten
- Raum für Meditation und Verehrung im Nordosten

Die Proportionen

Wenn die grobe Aufteilung des Hauses abgeschlossen ist, sollte bei der genauen Planung des Grundrisses und seiner Maße auf die Proportionen geachtet werden. Vastu bietet ein Set von sechs Formeln an, mit deren Hilfe die geeigneten Umfangsmaße und Seitenverhältnisse der einzelnen Räume und des gesamten Hauses berechnet werden können. Die Formeln werden als *Aaya, Vyaya, Yoni* usw. bezeichnet und sollten ebenfalls von einem erfahrenen Vastu-Experten angewendet werden. Durch die Auswahl geeigneter Proportionen des Hauses und der einzelnen Räume wird letztlich die Wirkung der vollkommenen Harmonie erzielt.

Die Inneneinrichtung des Hauses

Bei der Inneneinrichtung des Hauses, vor allem bei der Installation der Kreislaufsysteme, ist es ebenfalls wichtig, die Prinzipien des Vastu zu beachten. Hierzu seien einige Hinweise gegeben:

- Wasserinstallationen möglichst im Westen oder Nordosten einrichten.
- Das Wasser fließt am besten in Richtung Nordosten ab.

- Die Heizung sollte ebenso wie der Herd und andere elektrische Installationen im Südosten plaziert werden.
- Treppen gehören so weit wie möglich in Richtung Westen und Süden, jedoch nicht in die südwestliche Ecke.
- Der Schwerpunkt der Einrichtung sollte möglichst im Südwesten des Hauses und auch im Südwesten der einzelnen Räume liegen.
- Der Osten und der Norden sollten möglichst viele Fenster besitzen.
- Die Anzahl der Fenster sollte ebenso wie die Anzahl der Türen gerade sein, sollte jedoch kein Vielfaches von 10 betragen.
- Die Anzahl von Stufen ist am besten ungerade.
- Drei Türen in einer Reihe gelten als ungünstig.
- Die Eingangshalle sollte großzügig und hell sein.
- Spiegel hängt man am besten an nördlichen oder östlichen Wänden auf.
- Die Zentren der einzelnen Räume sollten ebenso wie deren Nordosten möglichst frei und unmöbliert sein.
- Der Südwesten der Räume sollte maximal beschwert werden.

Individuelle Abstimmung

Sie sollten bei der Planung Ihres neuen Hauses vor allem die persönlichen Bedürfnisse und Eigenschaften seiner zukünftigen Bewohner berücksichtigen, indem Sie deren bevorzugte Himmelsrichtungen bestimmen (siehe später folgendes Kapitel) und auch astrologische Eigenschaften mit einbeziehen.

Auf diese Weise können Sie entscheiden, in welchen Richtungen des Hauses die einzelnen Bewohner schlafen, arbeiten und wohnen sollten.

Sind Sie erst einmal in Ihr neues Haus eingezogen, kommen Sie in den Genuß eines harmonischen Wohn- und Lebensraumes. Doch selbst dann hilft Ihnen Vastu, sich ständig neuen Umständen anzupassen und auftretende Disharmonien auszugleichen. Sie können auch später immer wieder die 108 Schritte zur Anwendung bringen und vor allem mit Hilfe der vorgeschlagenen Yantras die Energien des Hauses beeinflussen und verändern.

Yantras im Haus

Die im Vastu berücksichtigten Einflüsse sind von sehr feiner Natur, doch ihre Wirkung kann das Leben der Bewohner eines Hauses sehr stark beeinflussen. Der Raum, das feinste aller Elemente, wird in der vedischen Elementelehre als Äther bezeichnet. Nach Auffassung der Veden, die durch die moderne Physik bestätigt wird, ist der Raum ein komplexes energetisches Gefüge gefüllt mit inneren Mustern und Beziehungen.

Der äußere Raum, in dem wir leben, ist eng mit dem inneren Raum unseres Bewußtseins verbunden. Wir projizieren ständig unser Bewußtsein in den uns umgebenden Raum und auch umgekehrt beeinflußt der äußere Raum unseren Geist nachhaltig.

Die Energien des Raumes können durch geometrische Symbole geführt werden, die an bestimmten Orten des Raumes plaziert werden. Solche graphischen Werkzeuge werden im Sanskrit als Yantras bezeichnet. Sie werden einerseits als Werkzeuge zur Bewußtseinserweiterung eingesetzt, indem sie als Meditationsobjekt dienen, besitzen jedoch immer auch eine energetische Komponente. Hierzu ist es notwendig, sie an einem geeigneten Ort zu plazieren, von wo aus sie die Energien eines Raumes am nachhaltigsten formen können. Jeder Raum besitzt solche Schlüsselpunkte, ebenso wie ein Lebewesen Chakren und Akkupunkturpunkte besitzt, über die ein besonders effektiver Zugriff auf seine Energien möglich ist. Diese Schlüsselpunkte kann man von einem Spezialisten bestimmen lassen. Die Yantras wirken aber auch, wenn diese Punkte nicht exakt ermittelt werden.

Im allgemeinen bestehen Yantras aus einer Vielzahl geometrischer Elemente und Symbole, die verschiedene Energien repräsentieren. Diese können jedoch auch mit geschriebenen Worten oder Mantras kombiniert werden.

Die Anwendung von Yantras ist vielfältig: Man kann sie beispielsweise an der Wand eines Zimmers als Kunstwerk aufhängen. Sie wirken damit gleichzeitig auf den gesamten Raum. Hierbei geht es darum, die Energien des Raumes seiner Nutzung bzw. seiner Bewohner entsprechend zu beeinflussen. Befindet sich beispielsweise das Schlafzimmer der Eltern im Nordwesten und besitzt zusätzlich noch ein Fenster mit Blick auf einen Fluß oder See, so ist anzunehmen, daß die Venus, die mit dem Glück der Familie und der Frau zusammenhängt

Yantras im Haus

durch den Mond, der den Nordwesten und die Gewässer beherrscht, geschwächt wird. In diesem Fall ist es daher ratsam, den störenden Einfluß des Mondes durch ein geeignetes Yantra auszugleichen.

Yantras können jedoch auch angewandt werden, um die Energien zu beeinflussen, die durch Fenster und Türen in das Haus Einlaß finden. Die einzelnen Fenster des Hauses sind unterschiedlichen planetarischen Aspekten zugeordnet und lassen damit spezifische Energien in die sich hinter ihnen befindlichen Räume einfließen. Ebenso beeinflussen Dinge, die sich vor den Fenstern befinden die Energien der Räume dahinter. In solch einem Fall empfiehlt es sich, das Yantra, welches zur Neutralisierung bzw. Unterstützung der Energien ausgewählt wird, auf eine Folie zu zeichnen bzw. zu kopieren und auf die Fensterscheibe zu kleben.

Die folgende Aufstellung zeigt, welche Yantras die einzelnen Raumfunktionen oder Aspekte des Wohnens unterstützen:

Wohnzimmer	Venus Yantra
Schlafzimmer	Venus Yantra
Safe	Merkur und Jupiter Yantra
Büro und Geschäftsräume	Merkur Yantra
Küche	Mars und Venus Yantra
Eßzimmer	Saturn Yantra
Speisekammer	Saturn Yantra
Bad	Mond Yantra
Eingangshalle	Merkur Yantra

Hierbei sollte man jedoch unbedingt die Lage der Räume und ihre Bewohner berücksichtigen. Befindet sich die Küche beispielsweise im Süden, der dem Mars untersteht, so ist eine Stärkung des Mars wahrscheinlich nicht nötig, sondern eher zu viel des Guten. Es ist wichtig alle Einflüsse zu berücksichtigen und zu einem optimalen Ausgleich der Energien zu kommen.

Eine weitere Möglichkeit der Anwendung von Yantras besteht darin, sie an wichtigen Stellen auf dem Fußboden oder an der Decke zu

Yantras im Haus

plazieren. Häufig sind es die zentralen Punkte der Räume, von denen aus ein Yantra seine Wirkung am besten entfalten kann.

Yantras können zur Unterstützung von Körperfunktionen oder zum Ausgleich der feinstofflichen Energien des Körpers unter dem Bett angebracht werden, so daß sie gezielt auf den Körper wirken können. Hierzu lassen sich den einzelnen Organen und auch einzelnen Krankheiten wiederum Yantras zuordnen.

Eine zusätzliche sehr wirkungsvolle Möglichkeit besteht darin, direkt mit dem Vastupurusha Mandala zu arbeiten. Dieses Yantra symbolisiert den vollkommenen lebendigen Raum, dessen Energien harmonisch und ausgeglichen sind. Der Kopf des Vastupurusha weist in Richtung Nordosten. Man wendet dieses Yantra am geschicktesten an, indem man es auf dem Grundriß eines Hauses an geeigneten Punkten plaziert. Hierzu kann es so groß wie der gesamte Grundriß sein, um die Energien allgemein zu harmonisieren. Es ist aber auch möglich, es in kleiner Form auf energetisch problematische Punkte zu legen. In diesem Fall ist es sinnvoll, das Mandala auf eine transparente Folie zu übertragen, wobei die Wirkung noch gesteigert wird, wenn man es in einer geeigneten Farbe kopiert oder zeichnet.

Beginnt man, auf diese Weise mit dem Grundriß eines Hauses zu arbeiten, kann man auch die anderen Yantras direkt in den Plan einzeichnen, bzw. transparente Folien mit den Yantras auf den Grundriß auflegen. Richtig ausgewählt und plaziert kann bereits hierdurch eine nachhaltige Wirkung erzielt werden. Es handelt sich schließlich um feinstoffliche Energien und Zusammenhänge, die auch nur auf dieser feinstofflichen Ebene am wirkungsvollsten beeinflußt werden können.

Diese Methode entspricht der in der alternativen Medizin weltweit anerkannten Radionik, bei der ebenfalls mit Hilfe eines Fotos Krankheiten und energetische Probleme behandelt werden können, ohne daß die betreffende Person gegenwärtig sein muß. In einem Foto sind die Energien einer Person ebenso spürbar, wie die Energien des Hauses in einem gezeichneten Grundriß wahrgenommen werden können.

Yantras der neun Planeten

Jede der acht Himmelsrichtungen wird von einem der neun Planeten beherrscht, die in der vedischen Astrologie von Bedeutung sind. Vastu-Defekte, die in einer bestimmten Himmelsrichtung auftreten, weisen darauf hin, daß der dieser Richtung zugeordnete Planet angegriffen wird. Eine in diesem Buch beschriebene Methode zur Korrektur dieser Defekte besteht darin, an dem Ort eines bestimmten Vastu-Defekts ein Yantra anzubringen, das dem angegriffenen Planeten zugeordnet ist. Durch das entsprechende Yantra wird der geschwächte Planet gestärkt und somit das Gleichgewicht wieder hergestellt.

NW	N	NO
Mond	**Merkur**	**Jupiter** **Ketu**
W		O
Saturn		**Sonne**
SW	S	SO
Rahu	**Mars**	**Venus**

Abbildung 22: Zuordnung der Planeten zu den Himmelsrichtungen

Während die drei in dem vorangehenden Kapitel vorgestellten Yantras spirituelle Yantras sind, die jeweils einen bestimmten Aspekt Gottes repräsentieren, sind die Yantras der neun Planeten materielle Yantras, die die Energie des jeweiligen Planeten repräsentieren.

Traditionellerweise werden diese Yantras mittels eines Stiftes aus dem Holz eines Granatapfels mit roter Sandelholztinte auf ein Palmblatt geschrieben. Der Stift kann auch aus einer Pfauenfeder gefertigt werden. Weiterhin ist es wichtig, das Yantra zur richtigen Zeit anzufertigen.

Für unsere Zwecke sollten wir die benötigten Yantras mit farbiger Tinte und einem Federhalter auf ein weißes Blatt Papier schreiben. Die Farbe sollte dem jeweiligen Planeten entsprechen:

Yantras im Haus

Sonne:	dunkelrot
Mond:	weiß
Mars:	leuchtend rot
Merkur:	grün
Jupiter:	gelb, orange
Venus:	vielfarbig
Saturn:	dunkelblau
Rahu:	schwarz

Das Yantra sollte zu einer Zeit gemalt werden, zu der der jeweilige Planet in einer starken Phase ist. Wenn man das Yantra zeichnet, sollte man in Körper und Geist rein sein und saubere Kleidung tragen. Das Yantra sollte an einem sauberen Ort gezeichnet werden, wobei man in einer dem Planeten zugeordneten Richtung schauen sollte:

Mond:	Westen
Saturn:	Osten
Jupiter:	Süden
Venus:	Norden
Merkur:	Norden
Sonne:	Westen
Mars:	Osten

Für jeden Planeten gibt es günstige Zeiten, zu denen ein entsprechendes Yantra gezeichnet werden sollte. Hier seien die günstigen Tage angegeben, während die exakte Stunde von einem erfahrenen Astrologen bestimmt werden kann:

Sonne:	Sonntag
Mond:	Montag
Mars:	Dienstag
Merkur:	Mittwoch
Jupiter:	Donnerstag

Yantras der neun Planeten

Venus:	Freitag
Saturn:	Samstag
Rahu:	Mittwoch oder Sonntag

Während man das Yantra zeichnet, sollte man den spezifischen Zweck des Yantras vor Augen haben. Die folgende Tabelle zeigt weitere Anwendungsmöglichkeiten der Planeten-Yantras:

Sonne: Anwendung bei Krankheiten; es fördert die geistige Ausgeglichenheit; es fördert die gute Beziehung zu Höherstehenden; es schützt vor Feinden und beseitigt schlechte Einflüsse, die auf die Sonne wirken.

Mond: Fördert Respekt und Freundschaft und fördert Liebesbeziehungen.

Mars: Es beschützt vor feindlichen Einflüssen und Personen; insbesondere wirkt es gegen Gifte und schädliche Umwelteinflüsse.

Merkur: Schützt vor Feinden; stärkt die Erinnerung; beschützt vor Feuer und elektrischen Schäden; es wirkt sehr positiv auf schwangere Frauen und fördert eine problemlose Entbindung.

Jupiter: Dieses Yantra gibt Kraft, Einfluß und Autorität; es fördert Geschäft und berufliche Belange.

Venus: Dieses Yantra fördert die Ruhe des Geistes und Beziehungen zum anderen Geschlecht.

Saturn: Hilft bei Depressionen und fördert Erfolg im Geschäft und anderen materiellen Belangen.

Rahu: Fördert Erfolg im Geschäft; schützt vor Feinden; es gewährt auch allgemein Erfolg.

Yantras im Haus

Im Haus sollten auch diese Yantras in der jeweiligen Richtung entweder über der Tür oder an den Wänden angebracht werden, so daß sie möglichst direkt auf den zu korrigierenden Vastu-Defekt wirken.

Sonnen-Yantra

6	1	8
7	5	3
2	9	4

Mond-Yantra

7	2	9
8	6	4
3	10	5

Mars-Yantra

8	3	10
9	7	5
4	11	6

Yantras der neun Planeten

Merkur-Yantra

9	4	11
4	8	6
11	12	7

Jupiter-Yantra

10	5	12
11	9	7
6	13	8

Venus-Yantra

11	6	13
12	10	8
7	14	9

Yantras im Haus

Saturn-Yantra

12	7	14
13	11	9
8	15	10

Rahu-Yantra

13	8	15
14	12	10
9	16	11

Ketu-Yantra

14	9	16
15	13	11
10	17	12

Yantras der neun Planeten

Das folgende Yantra wird als Nava-graha-Yantra bezeichnet und gleicht Schwächen aller neun Planeten aus:

Neun-Planeten-Yantra in Devanagari (Schrift des Sanskrit)

Neun-Planeten-Yantra (in der lateinischen Umschrift)

Bu	Shu	Ca
Gu	Raa	Ke
Mam	Sham	Su

Yantras im Haus

Yantra zur Richtungskorrektur

Falls Sie in Ihrer Wohnung oder auf Ihrem Grundstück einen Fehler entdecken, der darin besteht, daß sich ein bestimmter Gegenstand, ein Raum oder ein Eingang in einer falschen Himmelsrichtung befindet, so können Sie das folgende Yantra verwenden, um den Fehler zu korrigieren.

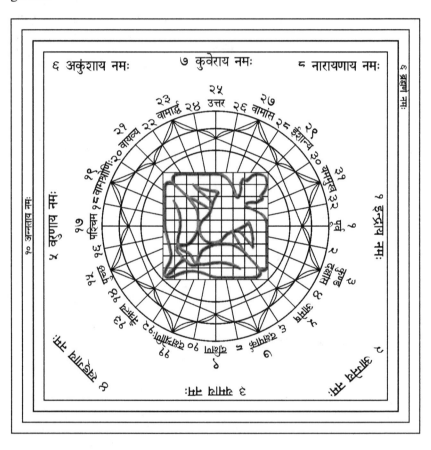

Abbildung 23: Yantra zur Richtungskorrektur

Yantra zur Richtungskorrektur

Selbstverständlich sollten Sie zunächst versuchen, den Fehler entsprechend des 108-Schritte Programms zu korrigieren, doch falls Ihnen dieses nicht oder nicht sofort möglich ist, können Sie auf dieses Yantra zurückgreifen.

Im Zentrum dieses Yantras befindet sich der Vastupurusha, dessen Kopf in Richtung Nordosten weist. Weiterhin sind alle 32 Haupt- Neben und Zwischenhimmelsrichtungen in dem Yantra repräsentiert. Befindet sich ein bestimmter Raum in einer falschen Richtung, so sollte dieses Yantra außerhalb des Raumes oberhalb der Eingangstür angebracht werden. Falls in einem Haus sehr viele Richtungsfehler vorliegen, kann das Yantra auch über dem Haupteingang angebracht werden. Das Gleiche bietet sich auch für den Fall eines fehlplazierten Eingangs an.

Das folgende Diagramm zeigt die Aufteilung des Hauses in 16 Quadranten, die den verschiedenen Richtungen im Haus entsprechen. Dabei ist jeder Nebenhimmelsrichtung jeweils ein Eckquadrant zugeordnet und jeder Haupthimmelsrichtung zwei Seitenquadranten.

NW	N	N	NO
W			O
W			O
SW	S	S	SO

Die folgenden Grafiken zeigen Ihnen, in welchen Himmelsrichtungen sich bestimmte Räume befinden sollten, bzw. wo sie sich unter keinen Umständen befinden sollten. Die mit einem **x** gekennzeichneten Quadranten sind verbotene Plätze und die mit einem **O** gekennzeichneten Orte sind empfohlen.

Yantras im Haus

Elektrische Installationen

	X	X	X
X			
X			
X	X	X	O

Schwere Geräte oder Maschinen

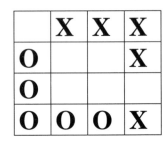

Unterirdischer Abwassertank – Klärgrube

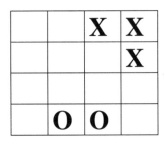

Küche

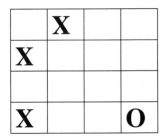

Abstellraum

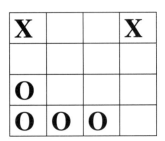

Schlafzimmer

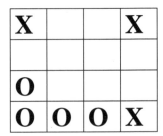

Yantra zur Richtungskorrektur

Badezimmer

	O	X
O		O

Studierzimmer

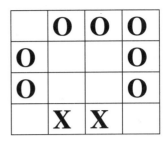

Wohnzimmer

	O	O	O
	O	O	O
	O	O	O
	O	O	

Meditations- und Gebetsraum

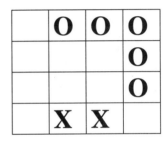

Eßzimmer

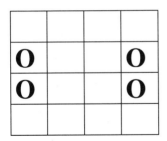

Veranda

	O	O	O
			O
X			O
X	X		

Yantras im Haus

Garage

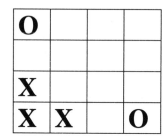

Müll

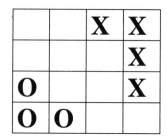

Toilette

O	O		X
O			X
O			
X	O		X

Treppen

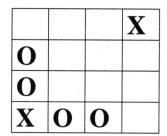

Safe

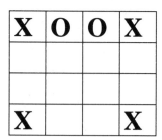

Keller

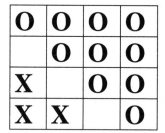

Spirituelle Yantras

Die in dem vorherigen Abschnitt dargestellten Yantras zur Richtungskorrektur und der neun Planeten sind materielle Werkzeuge, um feinstoffliche Energien auszugleichen. Ihre Kraft leitet sich von den durch sie repräsentierten Wesenheiten und Kräften ab, die nach vedischer Auffassung im Universum eine den Menschen übergeordnete Funktion ausüben. Hierzu gehören die neun Planeten, die Halbgötter, welche die acht Himmelsrichtungen beherrschen und auch der *Vastupurusha*, der einem jeden Gebäude oder Grundstück zugrunde liegt.

In den folgenden Abschnitten werden drei Yantras besonderer Art vorgestellt. Wir empfehlen, diese Yantras mit großer Sorgfalt und Aufmerksamkeit anzuwenden, da sie spirituelle Wesen und Kräfte repräsentieren. Spirituelle Kräfte unterscheiden sich qualitativ von den zuvor erwähnten materiellen Kräften dadurch, daß sie ihren Ursprung nicht innerhalb des materiellen Universums und auch nicht in dessen feinstofflichen Ebenen und Welten haben, sondern in der ewigen spirituellen Wirklichkeit. Diese befindet sich jenseits der Grenzen unseres materiellen Universums und auch jenseits von Raum und Zeit. Die Veden bezeichnen die spirituelle Wirklichkeit als die Welt der Unsterblichkeit, in der alles ewig, voller Wissen und Glückseligkeit ist. Sie ist der Ursprung aller Lebewesen auch in der materiellen Welt.

Da die materielle Welt als eine verzerrte Spiegelung der spirituellen Welt gilt, gibt es für jede materielle Kraft und jeden Einfluß in der materiellen Welt eine Entsprechung im spirituellen Bereich. Daher lassen sich die gleichen Wirkungen, die materielle Yantras erzielen auch mit Hilfe spiritueller Yantras erreichen. Der Vorteil spiritueller Yantras besteht darin, daß sie zusätzlich mit spiritueller Kraft ausgestattet sind und somit auch auf die spirituelle Entwicklung der Menschen Einfluß nehmen.

Da die spirituelle Entwicklung und der Umgang mit spirituellen Energien ein sehr persönlicher Aspekt des menschlichen Lebens ist, empfehlen wir die Anwendung spiritueller Yantras nicht in jedem Fall. Sie sollten dann zur Anwendung kommen, wenn man sich über ihre spirituelle Natur und Kraft bewußt ist und bereit ist, sich auf ihre spirituellen Energien einzulassen. Geht es einem lediglich um das Erzielen eines bestimmten materiellen Effekts, so ist ein entsprechendes

Yantras im Haus

materielles Yantra vorzuziehen. Weiterhin sollten die spirituellen Yantras mit sehr viel Respekt und Sorgsamkeit gehandhabt werden, in dem Bewußtsein, daß sie sehr erhabene Energien und Wesen repräsentieren.

In den folgenden Abschnitten werden drei spirituelle Yantras vorgestellt, die im Rahmen diesen Buches mehrfach für verschiedene Zwecke eingesetzt werden.

Das Mars-Narasimha-Yantra kann alternativ zum Mars-Yantra verwendet werden, wenn die Energie des Planeten Mars gestärkt werden soll. Es eignet sich jedoch auch zur Unterstützung des Feuerelements. Das Narasimha-Yantra besitzt vor allem starke beschützende Kräfte, während das Gayatri-Yantra alternativ zum Mond-, Merkur-, Venus- und Jupiter-Yantra benutzt werden kann.

Narasimha-Mars-Yantra

Abbildung 24: Narasimha-Mars-Yantra

Yantras im Haus

Dieses Yantra wird in den 108 Schritten als Feuer- und Mars-Yantra bezeichnet und hat vielseitige Anwendungsmöglichkeiten:

- Es stärkt die männlichen Energien. Somit läßt es sich auch gut einsetzen, um die Sonnenfenster zu stärken. Das sind die Fenster rechts von der Eingangstür (von innen betrachtet), insbesondere, wenn die Räume dahinter nicht mit der Sonne harmonieren bzw. von geringerer Qualität sind. Es stabilisiert die maskulinen Aspekte.
- Durch dieses Yantra wird das Feuerelement erhöht. Damit wirkt es auch auf andere Elemente ausgleichend. Man kann es einsetzen, um Störungen des Luftelements auszugleichen. Überschüssige Anteile anderer Elemente werden verbrannt.
- Es berichtigt oder beseitigt die negativen Einflüsse von Mars und Jupiter.
- Es vermindert Vata- oder Verdauungsstörungen, indem das Feuerelement verstärkt wird.
- Es ist gut zum Schutz elektrischer Anlagen geeignet.
- Dieses Yantra eignet sich gut für die Anwendung in der Küche, bei Heizungsanlagen, Stromanlagen, in der Sauna, im Fitneßraum, in lichtarmen Räumen und im Speisezimmer.

Narasimha-Yantra

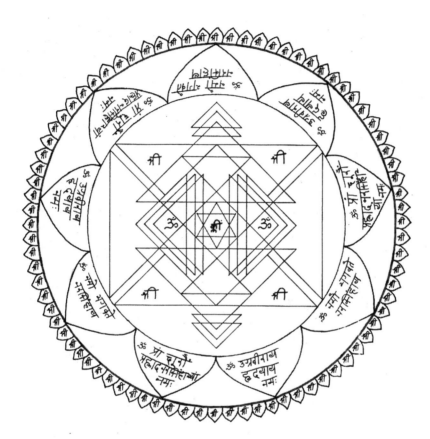

Abbildung 25: Narasimha-Yantra

Yantras im Haus

- Dieses Narasimha-Yantra ist das ideale Schutz-Yantra, das vor negativen Planeteneinflüssen und störenden Einflüssen aller Art schützt. Richtig plaziert, ist es gut geeignet, die negative Wirkung von Wasseradern und Hartmann-Gitter-Kreuzungspunkten auszugleichen.
- Es wirkt auch bei allen Arten feinstofflicher Störungen, die von Geistern oder negativen Wesenheiten hervorgerufen werden. Auch Störungen, die vom Wasser- und Luftelement herrühren, werden vermindert.
- Allgemein wirkt es ausgleichend, neutralisierend, beschützend und stärkend.
- Bei der Anwendung in Fenstern kann es nach innen und nach außen weisend plaziert werden, je nachdem, woher die negativen Einflüsse kommen. Sollen negative, von außen kommende Einflüsse abgehalten werden, so ist das Yantra nach außen weisend zu befestigen. Möchte man die Energien im Raum verstärken oder ausgleichen, so sollte das Yantra nach innen weisen. Man kann das Yantra natürlich auch zweifach befestigen, so daß beide Richtungen berücksichtigt werden.
- In der Raummitte kann es zur Verstärkung der Energien im Brahmasthana auf dem Boden angewandt werden.
- Sehr vorteilhaft wirkt es sich auch bei ungünstig plazierten Ein- und Ausgängen aus, wobei es oberhalb der Tür bzw. des Tores befestigt wird.
- Es kann ebenfalls in Küchen, Werkstätten, Sportstudios, Laboratorien etc. benutzt werden.
- Das Narasimha-Yantra sollte unterhalb von Geldkassen oder Safes angebracht werden, um deren Inhalt zu beschützen.
- Sri Narasimha Deva ist die Gottheit dieses Yantras. Durch Seine Persönlichkeit erhält das Yantra seine schützenden Kräfte. Er ist eine Verkörperung Sri Vishnus, Gottes, und wird in Indien seit Jahrtausenden von Gottgeweihten verehrt, die Schutz und Zuflucht suchen. Er beschützt den spirituell orientierten Menschen auf seinem Weg und bewahrt ihn vor den inneren Feinden wie Zorn, Lust, Neid, Gier und Illusion.

Gayatri-Yantra

Abbildung 26: Gayatri-Yantra

Yantras im Haus

- Dieses Yantra im Eingangsbereich angebracht, verstärkt die positiven Aspekte und schwächt die hinderlichen.
- Es wirkt sich sehr förderlich auf die weiblichen Energien aus, die verstärkt werden, während es gleichzeitig ausgleichend auf die männlichen Energien wirkt.
- Es wirkt allgemein harmonisierend.
- Es wird bei negativen Mond-, Merkur- und Venus-Einflüssen zur Anwendung gebracht.
- Generell eignet es sich für die Anwendung beim Eingang, im Schlafzimmer, im Brahmasthana, in der Raummitte, am Fenster (nach innen weisend), im Studierzimmer, Wohnzimmer, Kinderzimmer, Arbeitszimmer, in Gängen, im Treppenhaus, in Fluren, Gästezimmern etc.
- Es wirkt sich auch förderlich auf den Reichtum aus, wenn es im Safe oder über dem Safe plaziert wird.
- Bei Schlafstörungen kann es unter der Matratze befestigt werden.
- Wird dieses Yantra unter der Matratze auf der Höhe des Solarplexus befestigt, kann es dazu beitragen, Depressionen zu lindern.
- Das Gayatri-Yantra verkörpert auch die Kraft des Jupiters. Es wohnen ihm ebenfalls die Kräfte der Sonne inne. Auf die Venus wirkt es erhöhend und balancierend, während die Mars-Energie ausgeglichen oder stabilisiert wird.
- Gayatri Devi ist die erste Göttin der transzendentalen Klangschwingung und die Beschützerin der Weisheit und des spirituellen Wissens. Sie spielt eine wichtige Rolle bei der Schöpfung der Universen und auch bei der Reise der Seelen zurück in die spirituelle Welt.

Allgemeine Merkregeln für Yantras

- All diese Yantras sind mit spiritueller Kraft ausgestattet und daher heilig. Aus diesem Grund sollte man sie nicht mit den Füßen oder Schuhen berühren und sie sauber halten. Man kopiert sie am besten auf Folie oder Papier. Dabei kann man sie beliebig vergrößern oder verkleinern. Sie sind mit Mantras energetisiert, was sich auch auf die Kopien überträgt.
- Das Mars-Yantra wird am besten dienstags bei zunehmendem Mond angebracht. Bei zu starken Mars-Einflüssen sollte es besser im abnehmenden Mond angebracht werden.
- Das Gayatri-Yantra sollte prinzipiell nur bei zunehmendem Mond angebracht werden.
- An Wänden werden die Yantras am besten in Bilderrahmen aufgehängt.
- Die Yantras sollten nicht in Badezimmern oder Toiletten verwendet werden. Bei solchen Räumen sind sie nur von außen an die Fenster zu kleben.
- Yantras auf dem Boden können mit einem Teppich oder Vorleger abgedeckt werden, so daß man nicht direkt auf sie tritt.
- Auf dem Boden oder an der Decke eines Raumes befestigt, sollten die Yantras Richtung Osten ausgerichtet werden.
- Im allgemeinen sollten die Yantras immer in die zu schützende Richtung weisen.
- Für die Anwendung bei Fenstern, ist es notwendig, den richtigen Platz für die Yantras herauszufinden. Meistens befindet sich dieser eher am Rand des Fensters und seltener direkt in der Mitte. Man kann mit verschiedenen Plazierungen experimentieren und gleichzeitig die energetische Wirkung prüfen.

Yantras im Haus

Die Anwendung von Yantras im Schlafbereich

Yantras können ganz gezielt zur Unterstützung der Therapie bestimmter Krankheiten und zur Lösung spezifischer Probleme eingesetzt werden. Hierzu plaziert man sie direkt unter der Matratze, auf der man schläft, so daß sie gezielt auf bestimmte Chakren oder Organe gerichtet sind. Diese Methode ist sehr effektiv, da die Yantras auf diese Weise jeden Tag für viele Stunden wirken können.

Die folgende Auflistung gibt eine Vielzahl von Beispielen, wie die drei Yantras dieses Kapitels gezielt eingesetzt werden können:

- Bei schlechten Träumen sollte das Narasimha-Yantra unter das Herz plaziert werden.
- Bei Kälte hilft das Mars-Narasimha-Yantra, indem es unter der betroffenen Körperpartie plaziert wird.
- Zur spirituellen Erhebung plaziert man das Gayatri-Yantra unter dem Herzen.
- Bei Schwäche, unruhigem Schlaf oder Schlafstörungen plaziert man das Gayatri-Yantra unter dem Herzen.
- Bei Geldsorgen kann das Narasimha-Yantra helfen, indem es unter dem Kopf plaziert wird.
- Bei familiären Problemen sollte das Narasimha-Yantra unter dem Herzen plaziert werden.
- Unter dem Fußbereich befestigt, hilft das Narasimha-Yantra bei Überlastung.
- Auch bei krankhaften Nervenzuständen kann das Narasimha-Yantra helfen, wenn es zwischen dem Kopf und dem Hals unter der Matratze angebracht wird.
- Bei Lern- und Sprachproblemen bei Kindern sollte das Narasimha-Yantra unter dem Hals und das Gayatri-Yantra unter dem 3. Chakra plaziert werden.
- Das Gayatri-Yantra sollte bei Menstruationsbeschwerden und bei Unfruchtbarkeit unter dem 2. Chakra angebracht werden.

Die Anwendung von Yantras im Schlafbereich

- Leiden Männer unter Unfruchtbarkeit, so sollte das Mars-Narasimha-Yantra unter dem ersten und zweiten Chakra angebracht werden.
- Plaziert man das Gayatri-Yantra unter dem Scheitelchakra, so wird das spirituelle Bewußtsein gefördert und die Wahrnehmung des dritten Auges unterstützt.
- Gegen Depressionen sollte das Narasimha-Yantra unter dem dritten Chakra plaziert werden.

Bestimmung der *eigenen Richtung*

Die Bestimmung der persönlich bevorzugten Himmelsrichtungen und der *eigenen Richtung*

Ich möchte an dieser Stelle ein einfaches System vorstellen, um die Himmelsrichtungen herauszufinden, die für Sie persönlich förderlich sind.
Dieses System verwendet den Mond-Nakshatra Ihres Geburtshoroskops. Falls Sie diesen nicht selbst bestimmen können, sollten Sie sich an einen vedischen Astrologen wenden, der Ihnen den Nakshatra berechnen kann, in dem sich Ihr Mond zur Zeit Ihrer Geburt befand. Sie benötigen hierzu weiterhin die Information, in welchem Viertel (*pada*) dieses Nakshatras sich Ihr Mond befand. Zur Bestimmung Ihres Mond-Nakshatras können Sie sich auch an die im Anhang angegebene Adresse wenden. Der folgenden Tabelle können Sie dann die Himmelsrichtung entnehmen, die als Ihre *eigene Richtung* bezeichnet wird:

	Nakshatra	1. Viertel	2. Viertel	3. Viertel	4. Viertel
1	Ashvini	Süden	Süden	Süden	Norden
2	Bharani	Norden	Norden	Norden	Norden
3	Krittika	Osten	Osten	Osten	Osten
4	Rohini	Osten	Norden	Norden	Norden
5	Mrigashira	Norden	Norden	Südosten	Südosten
6	Ardra	Südosten	Südosten	Südosten	Süden
7	Punarvasu	Südosten	Südosten	Nordosten	Nordosten
8	Pushya	Nordosten	Nordosten	Nordosten	Südwesten

Die Mond-Nakshatras

9	Ashlesha	Südwesten	Südwesten	Südwesten	Südwesten
10	Magha	Nordwesten	Nordwesten	Nordwesten	Nordwesten
11	Purva-Phalguni	Nordwesten	Südwesten	Südwesten	Südwesten
12	Uttara-Phalguni	Südwesten	Südwesten	Nordwesten	Nordwesten
13	Hasta	Nordwesten	Nordosten	Südwesten	Südwesten
14	Chitta	Nordwesten	Nordwesten	Norden	Norden
15	Swati	Norden	Norden	Norden	Westen
16	Vishaka	Westen	Westen	Westen	Westen
17	Anuradha	Westen	Westen	Westen	Westen
18	Jyeshtha	Westen	Norden	Norden	Norden
19	Mula	Norden	Norden	Nordwesten	Nordwesten
20	Purva-Shadha	Nordwesten	Westen	Nordwesten	Südwesten
21	Uttara-Shadha	Nordwesten	Nordwesten	Süden	Süden
22	Abhijit (Shravana)	Süden	Süden	Süden	Südosten
23	Dhanistha	Südosten	Südosten	Südosten	Südosten
24	Shatabhisha	Südosten	Nordosten	Nordosten	Nordosten
25	Purva-Bhadra	Nordosten	Nordosten	Westen	Westen

Bestimmung der *eigenen Richtung*

| 26 | Uttara-Bhadra | Nordosten | Westen | Süden | Süden |
| 27 | Revati | Westen | Westen | Süden | Süden |

Die folgende Auflistung gibt wertvolle Hinweise, welche Himmelsrichtung Sie in welcher Form beeinflußt. Bestimmen Sie anhand der vorangehenden Tabelle zunächst, welche Himmelsrichtung Ihre *eigene Richtung* ist. Die folgende Liste enthält die jeder *eigenen Richtung* entsprechende Bewertung der restlichen sieben Himmelsrichtungen:

Eigene Richtung: Osten

Osten: eigene Richtung; finanzielle Vorteile; Glück und Wohlstand
Südosten: Glück; finanzielle Vorteile
Süden: Glück und Freude
Südwesten: Krankheit; Sorgen; Ausgaben
Westen: Furcht vor Feinden; Demütigung
Nordwesten: Schwierigkeiten; Verluste; Probleme; gemischte Resultate
Norden: Glück; Freude; Erfolg
Nordosten: Tod; Furcht, Demütigung

Eigene Richtung: Südosten

Südosten: eigene Richtung; Himmel; erfolgreich; glückverheißend
Süden: finanzielle Vorteile; Weisheit; Ruhm
Südwesten: Freude; Glück; Vorteile im Leben
Westen: Krankheit; Furcht; Sorge
Nordwesten: Furcht vor Feinden; Sorgen; Furcht im Beruf; Agitation
Norden: gemischte Ergebnisse
Nordosten: Fortschritt im Lebensstandard und Wohlstand; Respekt in der Gesellschaft; Freude
Osten: Schwierigkeiten und Verluste; fatal

Die Mond-Nakshatras

Eigene Richtung: Süden

Süden: eigene Richtung; Freude; Gewinn
Südwesten: finanzielle Gewinne; Pilgerreise; Zusammenkommen mit Freunden und Verwandten
Westen: außerordentliche Freude
Nordwesten: Krankheit; Sorgen
Norden: Feindschaft; Furcht im Beruf; finanzielle Verluste
Nordosten: Meinungsverschiedenheiten; Unterdrückung
Osten: Gewinn; Freude durch Freunde; Weisheit
Südosten: Furcht vor dem Tod; finanzielle Verluste

Eigene Richtung: Südwesten

Südwesten: eigene Richtung; große Gewinne; Erfolg
Westen: finanzielle Stärke; Freude; Glück
Nordwesten: mehr Gewinn; Freude; Glück; Erfolg
Norden: Krankheit; Gebrauch von Medikamenten; Feindschaft
Nordosten: Richtung der Feindschaft; Furcht; Agitation
Osten: gemischte Ergebnisse; Agitation; Ausgaben
Südosten: angemessen; Wohlergehen; Wohlstand; Gewinne im Leben
Süden: Tod; Unfälle; Grausamkeit

Eigene Richtung: Westen

Westen: eigene Richtung; Erfolg; Gewinn; Glück
Nordwesten: finanzielle Stärke; Respekt; Angemessenheit
Norden: Glück; Wohlstand; Position; Ruhm
Nordosten: gemischte Ergebnisse; Feindschaft; Krankheit
Osten: Furcht vor Feinden; Demütigung; notwendige Aktivitäten; Geschäft
Südosten: Agitation; Furcht; Vorwürfe

Bestimmung der *eigenen Richtung*

Süden: angemessen; Wohlstand im Leben; Ruhm
Südwesten: Furcht vor dem Tode; Schwierigkeiten und Verluste

Eigene Richtung: Nordwesten

Nordwesten: eigene Richtung; Fortschritt; Glück; Respekt
Norden: Glück; Freude
Nordosten: Gewinn; Ruhm; mehr Beziehungen; Erfolg
Osten: Krankheit; Agitation; Gebrauch von Medikamenten
Südosten: Furcht vor Feinden; Vorwürfe; Geschäft
Süden: Feindschaft; Krankheit; Druck im Beruf; Ausgaben
Südwesten: angemessener Wohlstand; Gewinne; Glück
Westen: fatal; sollte vermieden werden

Eigene Richtung: Norden

Norden: eigene Richtung; Gewinn; Glück; Erfolg
Nordosten: angenehm; finanzielle Stärke
Osten: mentales Glück; landwirtschaftlicher Wohlstand; Ruhm
Südosten: Krankheiten; Gebrauch von Medikamenten; Verlust der Gesundheit
Süden: Schwierigkeiten durch Feinde; politische Agitation
Südwesten: Feindschaft ohne Grund; Ausgaben; Agitation
Westen: Wohlstand und Reichtum durch Lebensmittel; Glück; Erfolg
Nordwesten: Furcht vor dem Tod; Agitation; Verantwortung für Unfall

Die Mond-Nakshatras

Eigene Richtung: Nordosten

Nordosten: eigene Richtung; Erfolg; Ruhm; Freude
Osten: finanzielle Stärke; Erfolg; Gewinn
Südosten: großer Gewinn; Glück und Wohlergehen; Furcht
Süden: Krankheiten; Gebrauch von Medikamenten
Südwesten: Furcht vor Feinden; Demütigung; Verlust von Geld
Westen: Krankheiten; Feindschaft; Ausgaben
Nordwesten: angemessen; glückverheißend; Ausgaben
Norden: Tod; Krankheit; Agitation

Die den Himmelsrichtungen hier zugeordneten Eigenschaften sind nur als Tendenzen oder Neigungen zu verstehen, die sich manifestieren können, wenn sie durch zusätzliche Faktoren unterstützt oder verstärkt werden. Sie sollten versuchen, Ihre Tätigkeiten und Wohnbereiche im Haus nach den für Sie vorteilhaften Himmelsrichtungen auszurichten. Unter keinen Umständen sollten Sie diese Informationen so interpretieren, daß Sie in Zukunft bestimmte Richtungen ganz und gar meiden oder sogar fürchten müssen. Sehen Sie diese Informationen als Hinweise, wie Sie bestehende Probleme lösen und zukünftige Schwierigkeiten vermeiden können.

Meine eigenen Erfahrungen stehen mit den Aussagen dieser Tabellen in guter Übereinstimmung. Für mich selbst führte ich die Bestimmung des Mond-Nakshatras erst kürzlich durch und erhielt den Norden als meine eigene Richtung. Tatsächlich haben daher für mich der Süden und der Südosten sehr negative Qualitäten. Genau diese Erfahrung machte ich in den zehn Monaten, die ich im Süden und Südosten unseres Hauses lebte. Erst als ich vor einigen Monaten in den Westen umzog, dessen Qualität für mich mit Wohlstand, Glück und Erfolg verbunden ist, wandelte sich mein Befinden ins Positive.

Der Einfluß der Planeten im Haus

Man kann ein Haus als ein kleines Universum ansehen, in dem all die Kräfte und Einflüsse existieren, die auch im Kosmos wirksam sind. Dementsprechend sind auch im Haus die Einflüsse der Planeten, der Sonne und des Mondes von großer Bedeutung. Jeder Planet beherrscht einen bestimmten Aspekt des Hauses. Die folgende Tabelle gibt Aufschluß darüber, welcher Planet welchen Bereich im Haus beherrscht:

Planet	Beherrschter Bereich
Sonne	Altarraum, Gesundheit, Fenster rechts vom Haupteingang (von innen betrachtet)
Mond	Brunnen, Bäder, Kuhstall, Reisen, Fenster links vom Haupteingang (von innen betrachtet)
Mars	Küche
Merkur	Eingangshalle, Gästebereich, Veranda, grüne Bereiche, Büro
Jupiter	Altarraum, Safe, spirituelle Befreiung
Venus	Bett, Schlafzimmer, Sofa, Wohnzimmer, Glück der Frau
Saturn	Getreidespeicher, Eßzimmer, Müllraum, Hunger
Rahu	Haupteingang, dunkle und große Räume, große Türen
Ketu	Bad, kaputte Wände, Risse, Ausgang, kleine Türen, äußere Befreiung

Weiterhin wird jede Himmelsrichtung von einem Planeten beherrscht. Daher kommt es zu einer Wechselwirkung zwischen dem Planeten, der eine bestimmte Richtung beherrscht und den Planeten, die die Räume bzw. Tätigkeiten beherrschen, die in dieser Richtung ausgeführt wer-

Astrologie und Vasati

den. Die folgende Tabelle ordnet den Himmelsrichtungen die beherrschenden Planeten zu.

Himmelsrichtung	Beherrschender Planet
Osten	Sonne
Südosten	Venus
Süden	Mars
Südwesten	Rahu
Westen	Saturn
Nordwesten	Mond
Norden	Merkur
Nordosten	Jupiter/Ketu

Um die Wechselwirkungen zwischen den Planeten bewerten zu können, ist es notwendig, die Beziehungen der Planeten untereinander zu kennen. Die folgende Tabelle ordnet jedem Planeten seine Freunde, Feinde und neutral Gesinnte zu.

Planet	Freunde	Neutrale	Feinde
Sonne	Mond, Mars, Jupiter	Merkur	Saturn, Venus
Mond	Sonne, Merkur, Venus, Saturn	Mars, Jupiter	
Mars	Sonne, Mond, Jupiter	Venus, Saturn, Merkur	
Merkur	Sonne, Venus	Mars, Jupiter, Saturn	Mond
Jupiter	Sonne, Mond, Mars	Saturn	Merkur, Venus
Venus	Merkur, Saturn	Mars, Jupiter	Sonne, Mond
Saturn	Merkur, Venus	Jupiter	Sonne, Mond, Mars
Rahu, Ketu	Merkur, Venus, Saturn	Mars	Sonne, Mond, Jupiter

157

Der Einfluß der Planeten im Haus

Bei dieser Tabelle fällt auf, daß einige Planeten eine recht komplizierte Beziehung zueinander besitzen. So ist beispielsweise der Mond der Feind des Planeten Mars, während der Mars dem Mond gegenüber neutral eingestellt ist. Ebenso ist der Merkur der Freund des Mondes, während der Mond dem Merkur feindlich gesinnt ist.

Steht man im Haupteingang des Hauses und schaut hinaus, so ist die rechte Seite des Hauses von dieser Perspektive aus gesehen der Sonne zugeordnet, während die linke Seite unter der Herrschaft des Mondes steht. Insbesondere die Fenster, durch welche die Energien in das Haus eintreten und aus dem Haus heraus gelangen, werden von diesen beiden Himmelskörpern beherrscht. Daher sagt der Zustand der rechten Fenster (Sonnenfenster) viel über die männlichen Bewohner des Hauses aus und der Zustand der linken Fenster (Mondfenster) über die weiblichen Bewohner. Ebenso betreffen die Wechselwirkungen der rechten Fenster mit ihrer Umgebung die männlichen Bewohner und die Wechselwirkungen der linken Fenster die weiblichen Bewohner des Hauses. Die folgende Tabelle zeigt, wie sich verschiedene Räume auswirken, wenn sie sich hinter einem Mond- oder einem Sonnenfenster befinden. Auch Dinge, die sich außerhalb des Hauses vor den Sonnen- oder Mondfenstern befinden, werden in der Tabelle aufgeführt.

Raum	Mondfenster	Sonnenfenster
Küche	Streß für die weiblichen Bewohner	Streß für die männlichen Bewohner
Bad	Segnungen für die Bewohner	gut für alle Bewohner
Mast, Laterne, Pfahl	Streit zwischen Mann und Frau	neutral
Brunnen	neutral	viel Reisen
Eßzimmer, Speisekammer	beeinflußt männliche Bewohner negativ	neutral
Rezeption, Büro, Gästezimmer	neutral	finanzielle Vorteile

Astrologie und Vasati

Raum	Mondfenster	Sonnenfenster
Schlafzimmer	Neutral	Geburtsprobleme
Abstellkammer	beeinflußt die Tochter negativ	Sohn wird negativ beeinflußt
Riß in der Wand	Wahrhaftigkeit der Frauen geht verloren	beeinflußt männliche Bewohner negativ
Fenster geschlossen oder dunkel	negativ für die ganze Familie	negativ für die ganze Familie
keine Fenster	mentale Probleme	gesundheitliche Probleme
Wohnzimmer	neutral	negative Auswirkungen für alle Bewohner
Safe, Altarraum	neutral/positiv	positive Ergebnisse

Das folgende Beispiel, das Bhojraj Dwivedi in seinem Buch *Remedial Vaastushastra* anführt, zeigt, wie die Planeten innerhalb eines Hauses miteinander wechselwirken und welche Konsequenzen für die Bewohner zu erwarten sind. Versuchen Sie, zunächst einmal den folgenden Grundriß mit Hilfe Ihrer bisherigen Kenntnisse zu bewerten. Dazu ist es sinnvoll, den einzelnen Räumen die entsprechenden Planeten zuzuordnen und deren Wechselwirkung untereinander zu bewerten. In der vedischen Astrologie stehen Mars und Venus für Mann und Frau in der Ehe. Saturn steht für Trennung und kann eine solche Beziehung auseinander bringen. Achten Sie vor allem auf die Beziehung dieser drei Planeten zueinander.

Der Einfluß der Planeten im Haus

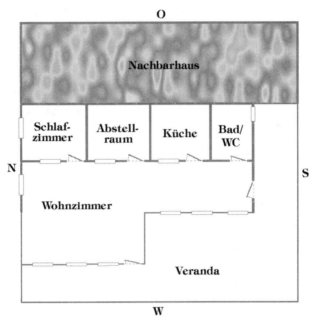

Abbildung 27: Beispiel für die Wechselwirkung der Planeten

Der Hausbesitzer schläft im Nordosten des Hauses, was nach Vastu als unvorteilhaft gilt. Weiterhin befindet sich im Osten ein Abstellraum, der dort ebenfalls fehlplaziert ist. Daneben liegt die Küche, gefolgt von Bad und Toilette in der südöstlichen Ecke des Hauses. Das Schlafzimmer wird von Venus beherrscht, der Abstellraum von Saturn und die Küche vom Mars. Dadurch liegt der Saturn zwischen Mars und Venus, was auf Schwierigkeiten in der Beziehung und sogar auf Trennung zwischen Mann und Frau hindeutet.

Weiterhin befindet sich das Badezimmer, das von Mond und Ketu beherrscht wird, in der Nähe des von Rahu überschatteten Haupteingangs. Hinzu kommt die Verbindung zu dem angrenzenden Wohnzimmer, das von der Venus beherrscht wird. Dadurch ist die ungünstige Kombination von Rahu, Mond und Venus gegeben, die sich weiterhin negativ für den Hausbesitzer auswirkt. Zu allem Überfluß besitzt das Haus im Osten keine Fenster, da die Ostseite durch das Nachbarhaus vollständig blockiert ist. Hiermit ist die Sonne sehr stark in Mitleidenschaft gezogen, was sich vor allem auf die männliche Nachkommenschaft negativ auswirkt. Auch die Nähe von Toilette und Küche ist negativ zu bewerten.

Die folgende Abbildung zeigt den gleichen Grundriß mit den Planetenwirkungen, die in den einzelnen Räumen beherrschend sind.

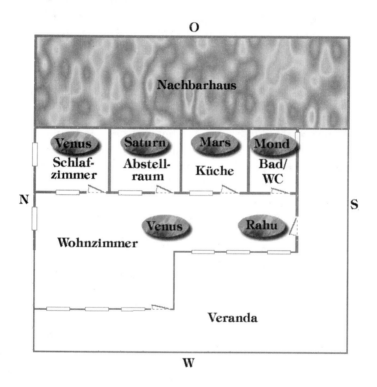

Abbildung 28: Grundriß mit Planeteneinflüssen

Dieses Haus weist eine große Anzahl von Vastu-Defekten auf, die sich zusammengenommen fatal auf das Schicksal der Bewohner auswirken. Als Folge verlor der Hausbesitzer bereits in der Mitte seines Lebens seine Frau und hatte keine Kinder.

Die Bedeutung von Bäumen im Vastu

Bäume sind für den Menschen in vielfacher Weise nutzbringend. Durch ihr dichtes Blattwerk beispielsweise bieten sie Schutz vor Lärm, Verschmutzung und Hitze, ebenso wie vor ungebetenen Blicken. Indem sie Sauerstoff produzieren und förderliche elektromagnetische Wellen aussenden sorgen sie für die Stabilität der Biosphäre. Sowohl Obst-, Laub- als auch Nadelbäume haben spezifische Heilwirkungen auf den Menschen.

In vielen Mythen der indischen aber auch der nordischen Kulturen existiert der Lebens- oder Weltenbaum. Sicherlich spielt dabei eine Rolle, daß der Baum durch seine Gestalt zwischen Polaritäten vermitteln kann. Seine Wurzeln haben Kontakt mit den Energien der Erde, welche sie nach oben ziehen, während seine Äste dem Himmel entgegenstreckt sind und wie Antennen die feinstofflichen Energien der Körperhülle der Erde aufnehmen. Seit jeher symbolisieren Bäume Wachstum, Lebenswillen, Unabhängigkeit, Ausdauer und das Streben des Menschen nach geistig höheren Welten. Die Eigenschaft des Baumes, sich mit seinem Ast- und Wurzelwerk fast endlos zu verzweigen, läßt ihn auch als Abbild des Universums erscheinen mit seinen Myriaden von energetischen Verzweigungen und Verknüpfungen.

Der Mensch trägt die Gestalt des Baumes in seiner Anatomie vielfach in sich. Der Aufbau seiner Gefäßsysteme, Nervenzellen und anderer Feinstrukturen seiner Gewebe gleichen der Form eines Baumes. Diese Verwandschaft der Form legt nahe, daß Mensch und Baum energetisch miteinander kommunizieren können.

Im folgenden soll anhand verschiedener Beispiele ein Überblick über die Bedeutung der Bäume aus der Sicht des Vastu gegeben werden.

Plazierung von Bäumen und Büschen auf dem Grundstück

Wichtig ist zunächst, daß nur gesunde und kräftige Bäume von harmonischer Gestalt auf dem Grundstück stehen. Dabei sollte die Anzahl der Bäume gerade sein, wobei die Zahl im Südwesten, im Westen und im Süden höher sein sollte als in den anderen Himmelsrichtungen.

Besondere Beachtung findet im Vastu die Frage des Schattenwurfs. Dabei gilt, daß im Norden und Osten kein Baum so nah am Haus stehen sollte, daß sein Schatten dieses erreichen könnte. Im Süden und Westen hingegen ist ein Schutz durch Bäume vor der Mittagssonne erwünscht. Länger als vier Stunden sollte prinzipiell in keiner Richtung Schatten auf das Haus fallen.

Besonders ist darauf zu achten, daß Bäume nicht den Einfall der Sonnenstrahlen ins Haus behindern, da durch mangelndes Sonnenlicht im Haus die Bewohner anfälliger für Krankheiten und psychische Störungen werden.

Bäume sollten nie vor dem Haupteingang eines Hauses stehen oder Schatten auf den Haupteingang werfen. Wenn ein Baum allerdings vor dem Haupteingang jedoch zweimal so weit entfernt steht, wie er hoch ist, so stellt er kein nennenswertes Hindernis dar.

Abgestorbene Bäume und Bäume, die nur zwei Äste haben gelten als unglückverheißend, vor allem, wenn ihr Schatten auf das Haus fällt. Sollte sich hinter Ihrem Haus ein Berg oder Hügel befinden, ist es wünschenswert, Bäume in dieser Richtung zu pflanzen. Wenn die Bäume wachsen, bringen sie Glück, Fortschritt und erhöhte Stabilität sowohl für das Haus als auch für das Leben seiner Bewohner.

Büsche entlang der Grundstücksbegrenzung sollten schöne Blüten tragen, frei von Dornen sein und weder stechende noch bitter oder scharf schmeckende Blätter besitzen, da dies für die Hausbewohner zu Spannungen führen kann.

Korrektur von Vastu-Defekten durch Bäume

Es ist möglich, gewisse Vastu-Defekte durch Bäume auszugleichen. So kann eine ungünstige Grundstücksform korrigiert werden, ebenso ein unvorteilhafter Hausgrundriß. Hat Ihr Haus zum Beispiel eine L-Form, so können Sie den fehlenden vierten Eckpunkt durch einen Baum ersetzen. Prinzipiell ist beim Pflanzen von Bäumen auf die Standortwahl zu achten, da auch bei Bäumen in ungünstigen Positionen energetische Blockaden entstehen können.

Die Bedeutung von Bäumen im Vastu

Weitere Korrekturmöglichkeiten durch Bäume können angewandt werden, wenn sich ein Krematorium oder ein Krankenhaus gegenüber der Frontseite des Hauses befinden. Die Nachbarschaft solcher Gebäude wird als unglückverheißend eingestuft, da sie an Krankheit, Tod, Kummer und Leid erinnern, was sich im Leben der Hausbewohner widerspiegeln kann. Auch die Nähe einer Kirche, eines Tempels oder einer Moschee gilt nicht als förderlich, da dadurch ein negatives Spannungsgefüge entsteht. Solchen Einflüssen kann man jedoch entgegenwirken, indem man Bäume in einer Reihe vor dem Haus pflanzt, ohne dabei den Haupteingang zu blockieren.

Allgemein sollten Bäume auf dem Grundstück eine harmonisierende Wirkung haben. Kranke und abgestorbene Bäume sollten entfernt werden.

Eine weitere Möglichkeit der Vastu-Korrketur mit Hilfe von Bäumen leitet sich aus deren Zuordnung zu den Planeten und den Sternen ab. Jeder Baum verkörpert die Energie eines bestimmten Planeten und eines bestimmten Nakshatras. Fehlt die Energie eines Himmelskörpers auf dem Grundstück oder im Haus, so kann diese durch das Pflanzen eines entsprechenden Baumes ergänzt werden. Die folgende Tabelle gibt Auskunft über die Zuordnung einiger einheimischer Bäume zu den Planeten:

Baum	Planet
Ahorn	Jupiter
Birke	Venus
Buche	Saturn
Eiche	Mars
Esche	Sonne
Feige	Venus
Haselnuß	Merkur
Kiefer	Saturn
Kirsche	Mond
Lärche	Saturn
Linde	Venus
Platane	Venus
Rosskastanie	Jupiter

Ulme	Merkur
Walnuß	Sonne
Weide	Mond
Weinstock	Sonne

Kräuter und Stauden

Die folgende Tabelle ordnet einheimischen Kräutern und Stauden die vier Elemente Erde, Wasser, Feuer und Luft zu. Mit Hilfe dieser Zuordnung kann man durch das gehäufte Auftreten dieser Pflanzen die Qualität eines bestimmten Bereiches im Garten oder auf dem Grundstück bestimmen. Man kann diese Pflanzen jedoch auch ganz gezielt einsetzen, um die Präsenz eines Elementes an einem bestimmten Ort oder in einer Himmelsrichtung zu verstärken.

Erde

Spitzwegerich; großer Wegerich; mittlerer Wegerich; Rosen

Wasser

Kamille; Frauenmantel; Rossminze; Katzenminze; echte Schlüsselblume; Beinwell

Feuer

Steinkraut; Grasnelke; Karthäusernelke; Sonnenröschen; Johanniskraut; Rosenmalve; Mauerpfeffer

Luft

Lavendel; Zittergras; Ackerglockenblume; Seggen; Kuckuckslichtnelke; echtes Labkraut

Bestimmung der ayurvedischen Konstitution

Den drei Doshas Vata, Pitta und Kapha entsprechend, werden drei Konstitutionstypen unterschieden. Daneben gibt es die Mischtypen: Vata-Pitta, Pitta-Kapha und Vata-Pitta-Kapha (*sama-prakriti*). Den *reinen* Konstitutionstyp gibt es strenggenommen nicht. Vielmehr sind in jedem Menschen alle Elemente in unterschiedlicher Stärke vorhanden. Während bei den drei Typen Vata, Pitta und Kapha das betreffende Dosha den größten Anteil hat, sind die drei Doshas bei den Mischtypen in unterschiedlicher Stärke vorhanden.

Merkmale des Vata-Typs (Vata-Prakriti):

Vata setzt sich aus den Elementen Äther und Luft zusammen und steht für das Prinzip der Bewegung und des Wechsels. Weitere zugeordnete Eigenschaften sind Leichtigkeit, Veränderung aber auch Instabilität.

Allgemeine und körperliche Merkmale:

- meist hager und dünn; oft zu groß oder zu klein
- trockene Haut; neigt zu Faltenbildung; Haare und Nägel sind oft trocken und brüchig
- Augen klein und meist glanzlos; Venen gut sichtbar
- Vorliebe für süße, saure und salzige Speisen
- wechselhafter Appetit; unregelmäßiges, manchmal auch überhastetes Essen
- unregelmäßige Verdauung; Stuhl oft hart; Neigung zur Verstopfung
- leichtes Frieren; Bedürfnis nach Wärme
- häufig Schlafstörungen und Unruhe

Merkmale des Pitta-Typs

Geistige und psychische Merkmale:

- schnelle Auffassungsgabe; kurzes Gedächtnis
- schwach ausgeprägte Willenskraft; neigt zu Ängsten, Sorgen und Erkrankungen im psychosomatischen Bereich
- psychische Labilität und Konzentrationsschwäche
- Nervosität: "Zappeln"
- leistungsfähig
- vielseitige Interessen
- hält Belastungen nicht lange stand
- gesprächig; redet viel und gern
- kreativ und aktiv
- schnell von Angst, Zorn, Sympathie oder Antipathie erfüllt
- tendiert dazu, Geld schnell zu verdienen und schnell wieder auszugeben

Merkmale des Pitta-Typs (Pitta-Prakriti):

Pitta setzt sich aus den Elementen Feuer und Wasser zusammen. Es repräsentiert Wärme und Aktivität. Insbesondere der Stoffwechsel hängt von diesem Dosha ab.

Allgemeine und körperliche Merkmale:

- mittlere Statur; schlank; eventuell zarter Knochenbau
- kräftigere Muskulatur als Vata-Typen
- Teint ist kupferfarben, rötlich oder hell
- typisch sind Sommersprossen und Muttermale
- Haut ist glänzend, weich und warm

Bestimmung der ayurvedischen Konstitution

- Haar ist dünn, seidig, rot oder bräunlich mit Neigung zu vorzeitigem Ergrauen, Haarausfall und Glatzenbildung
- Nasenform ist ausgeprägt und gerade, die Nasenspitze oft rötlich
- Augen meist stechend bis feurig und neigen zu Entzündungen
- schneller Stoffwechsel
- schwitzt viel, ißt viel und verfügt über eine gute Verdauung mit großen Ausscheidungsmengen
- bevorzugt Speisen mit süßem, bitteren und zusammenziehenden Geschmack
- schlechtes Vertragen von Hitze und harter Arbeit

Geistige und psychische Merkmale:

- scharfsinnig; guter Redner; kann gut organisieren
- gutes Gedächtnis; klare logische Denkart
- kreativ
- entscheidet in jeder Situation schnell
- Verantwortungsbewußtsein
- Sprache ist klar und treffend, oft auch scharf und aggressiv
- ungeduldig, reizbar und jähzornig; anerkennungsbedürftig
- Neigung zu Haß, Eifersucht, Intoleranz und Vorurteilen
- experimentierfreudig, ehrgeizig, unternehmungslustig und übernimmt gern verantwortungsvoll die Führung
- finanziell lebt er in gesunden Verhältnissen

Merkmale des Kapha-Typs (Kapha-Prakriti):

Kapha setzt sich aus den beiden Elementen Wasser und Erde zusammen und steht für Schwere und Stabilität.

Allgemeine und körperliche Merkmale:

- ausgeprägter, stabiler Körperbau: massig oder schwerer Körper
- ausgeprägte Muskulatur und gedehnter, weiter Brustkorb
- gut proportionierte Gliedmaßen
- breite Stirn
- helle Hautfarbe
- weiche, glänzende und ölige, manchmal auch kalte und blasse Haut
- Haar ist kräftig, dunkel, weich und gewellt; es wächst dicht und schnell
- weder Neigung zu Haarausfall noch Glatzenbildung
- Stärke, Ausdauer und Durchhaltevermögen
- Iris des Auges ist meist dunkel oder blau und setzt sich deutlich vom klaren Augenweiß ab
- vermeiden unnötige Bewegungen und sitzen lieber ruhig
- langsame Bewegung
- langsame Verdauung
- benötigen nur wenig Nahrung; neigen zu Überessen und Übergewicht
- Vorliebe für Nahrungsmittel mit scharfem, bitterem und zusammenziehenden Geschmack
- resistent gegen Schmerz und Müdigkeit
- starke Lebenskraft; höchste Lebenserwartung aller drei Typen
- Sprache ist langsam, klar und neigt zur Monotonie

Bestimmung der ayurvedischen Konstitution

Geistige und psychische Merkmale:

- langsame Auffassungsgabe, aber Langzeitgedächnis
- ebenso intelligent wie Pitta-Typen, benötigen aber länger um das Gelernte geistig zu verarbeiten
- Entscheidungen werden lange überdacht, dann aber besonnen getroffen
- Toleranz, Ruhe, Vergebung und Liebe
- einfaches, unkompliziertes Wesen
- keinen ausgeprägten Stolz auf Besitz oder Wissen, ist aber von Komfort angezogen und genießt gern
- gilt als gesund, glücklich und friedlich
- Gier, Neid, Ergebenheit und Besitzgier
- verläßlich, geduldig und großzügig
- schlafen gerne, benötigen aber nicht viel Schlaf
- finanziell oft reich, da er versteht, Geld zu behalten

Merkmale des Sama-Prakriti (ausgeglichener Konstitutions-Typ):

- Idealfall, da alle Doshas harmonisch und ausgeglichen sind; sehr selten
- wenig Gefühlsschwankungen
- gut vor Krankheit geschützt
- Krankheit ist auf einseitige Ernährungsweise oder äußere störende Einflüsse zurückzuführen
- achtet auf jedes kleine Detail und folgt strengem Tagesablauf
- gilt in vieler Hinsicht als Vorbild und nimmt oft wichtige Position in der Gesellschaft wahr

Die drei Doshas und die Himmelsrichtungen

Im Vastu gibt es eine große Zahl genereller Prinzipien, die für alle Menschen auf gleiche Weise gelten. Der persönliche individuelle Aspekt ist jedoch ebenso wichtig, da die Energien des Raumes und des Gebäudes auf jeden Menschen unterschiedlich wirken. Hierbei kommen die folgenden Methoden zur Anwendung, um den Wohnraum auf seine Bewohner individuell abzustimmen:

- Auswahl der bevorzugten Himmelsrichtungen in Einklang mit den Planeten, die die einzelnen Richtungen beherrschen
- Berücksichtigung der Elemente, die den Himmelsrichtungen zugeordnet sind
- Bestimmung der *eigenen Richtung* mit Hilfe des Mond-Nakshatras
- Berücksichtigung der drei Doshas nach der ayurvedischen Gesundheitslehre

In vielen Fällen führen diese unterschiedlichen Methoden zu den gleichen Ergebnissen. Im Einzelfall ist es jedoch manchmal notwendig, zwischen den verschiedenen Empfehlungen abzuwägen, wenn es darum geht, den geeigneten Ort für ein Schlaf-, Wohn- oder Arbeitszimmer auszuwählen.

Kennt man seine ayurvedische Konstitution, so kann man auftretende Krankheiten oder Störungen im Lebensrhythmus ebenfalls mit Störungen der drei Doshas in Beziehung setzen. Daher bietet diese Methode eine sehr spezifische Möglichkeit, die aktuellen Bedürfnisse eines Menschen zu bestimmen. Die Balance der drei Doshas ändert sich ständig und die Erhöhung eines Doshas kann sofort zum Ausbruch einer Krankheit oder zu Unwohlsein führen. Die Wahl der geeigneten Himmelsrichtungen für bestimmte Tätigkeiten kann daher hilfreich sein, solche Störungen auszugleichen.

Das Vata-Dosha ist im Nordwesten präsent, das Pitta-Dosha im Südosten, das Kapha-Dosha im Südwesten und Sama-Prakriti im Nordosten. Ist Pitta erhöht, sollte man den Südosten meiden und sich eher im Nordosten, Südwesten oder Nordwesten aufhalten, je nachdem, welches Dosha gestärkt werden sollte. Ist Vata erhöht, ist der Nordwesten zu meiden, während in den anderen Richtungen Ausgleich zu finden ist. Der Nordosten und das Zentrum des Hauses wirken auf alle drei Doshas ausgleichend.

Schematische Musterbeispiele einiger Häuser

Dieses Kapitel zeigt einige Musterbeispiele von Häusern, die im Einklang mit den Gesetzen des Vastu geplant wurden. Die Beispiele haben einen starken indischen Charakter und müssen auf die spezifischen europäischen Wohnbedürfnisse abgestimmt werden, um in unseren Breitengraden Anwendung zu finden.

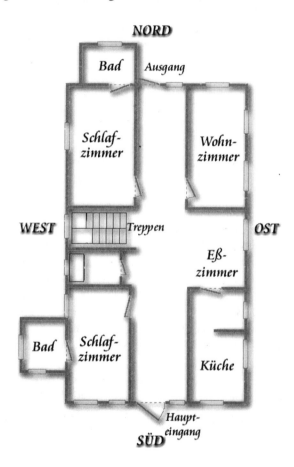

Abbildung 29: Haus mit Haupteingang im Süden

Schematische Musterbeispiele

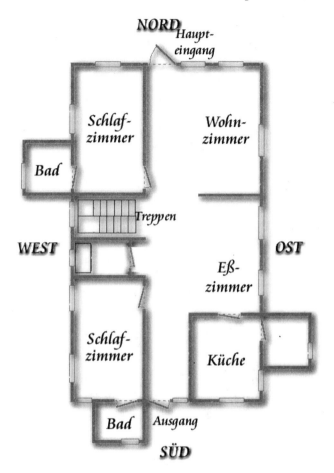

Abbildung 30: Haus mit Haupteingang im Norden

Eine Besonderheit dieser vier Musterbeispiele besteht darin, daß die Bäder und Toiletten jeweils außerhalb des rechteckigen Grundrisses geplant sind. Damit wird der Forderung des Vastu genüge getan, daß sich die Toilette nicht innerhalb des Wohnbereichs befinden sollte und gleichzeitig wird den westlichen klimatischen Bedingungen entsprochen, die sich nicht so gut mit einer Toilette außerhalb des Hauses vertragen.

Schematische Musterbeispiele

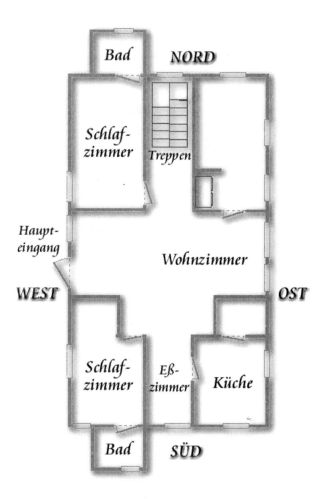

Abbildung 31: Haus mit Haupteingang im Westen

In Indien finden wir sehr häufig den Fall, daß der Haupteingang direkt in das Wohnzimmer hinein führt. Um diese Musterbeispiele dem westlichen Wohnstandard anzupassen, ist es sinnvoll, dort einen Hausflur zu separieren, der auch Platz für eine Garderobe bietet. Das Wohnzimmer umfaßt das Zentrum des Hauses und stellt dessen Energien allen Räumen zur Verfügung.

Schematische Musterbeispiele

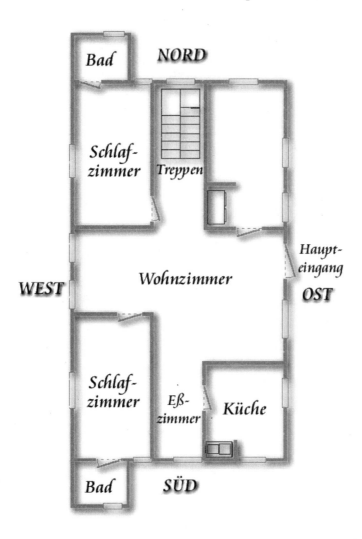

Abbildung 32: Haus mit Haupteingang im Osten

Der Raum im Nordosten wird in Indien zumeist als Zimmer zur Meditation oder als Altarraum verwendet. Falls man einen solchen Raum nicht braucht, kann man ihn als Wohnbereich, zum Studium oder für andere anspruchsvolle Tätigkeiten nutzen. Als Schlafzimmer eignet er sich nicht.

Schematische Musterbeispiele

Bei den folgenden drei Beispielen sind Bad und Toilette vollständig in den Grundriß integriert. Sie finden Ihren Platz im Nordwesten des Hauses. Die Küche liegt ideal im Südosten, während der Südwesten im allgemeinen als Schlafzimmer der Eltern genutzt wird.

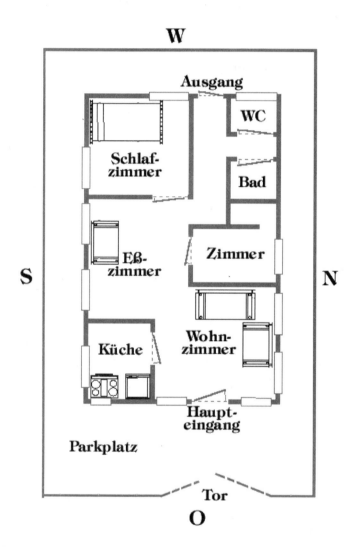

Abbildung 33: Musterplan mit Haupteingang im Osten

Schematische Musterbeispiele

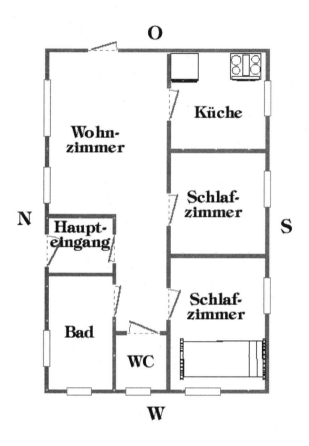

Abbildung 34: Musterplan mit Haupteingang im Norden

In diesem Grundriß wird der Süden und Südwesten für Schlafzimmer genutzt, während der Nordosten als Wohnbereich dient. Im Nordosten sollte eine Terrasse angelegt werden, falls dort genügend Platz zur Verfügung steht.

Schematische Musterbeispiele

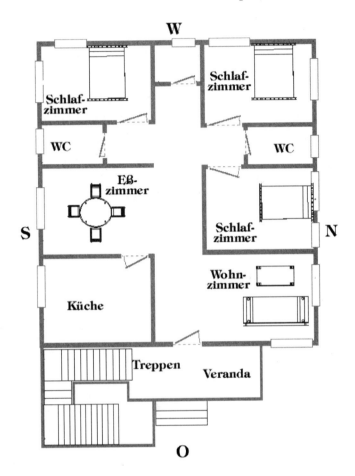

Abbildung 35: Grundriß mit Haupteingang im Osten

Der Raum im Nordwesten dieses Hauses sollte entweder als Gästezimmer oder als Büro genutzt werden. Als Schlafzimmer für die ständigen Bewohner des Hauses ist der Nordwesten nicht so gut geeignet. Man sollte zur Entscheidung solcher Fragen jedoch die eigene Richtung der einzelnen Bewohner des Hauses berücksichtigen. Falls jemand mit den Energien des Nordwestens persönlich gut zurecht kommt, mag dieser Umstand stärker ins Gewicht fallen als die allgemeinen Regeln des Vastu.

Schematische Musterbeispiele

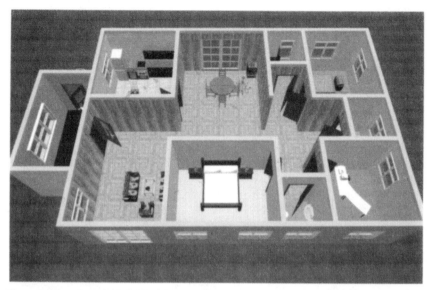

Der gleiche Grundriß (ohne Treppenhaus am Eingang) aus dem Norden. Der Kühlschrank im Südosten der Küche sollte mit dem Herd vertauscht werden.

Der offene Raum im Nordosten eignet sich hervorragend als Wohnzimmer, zum Entspannen, zum Lesen und zur Kommunikation.

Schematische Musterbeispiele

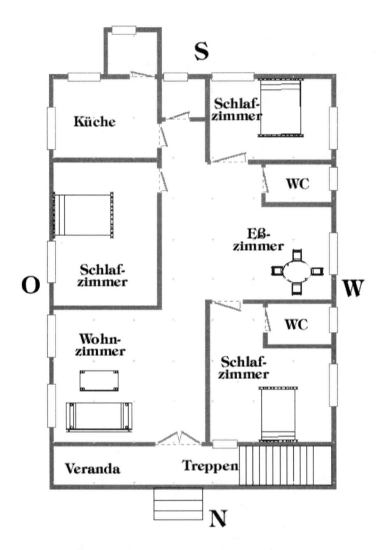

Abbildung 36: Grundriß mit Haupteingang im Norden

Der kleine Raum im Süden dieses Hauses kann als Speisekammer genutzt werden, während der Anbau im Süden der Küche als Raum zum Spülen des Geschirrs gedacht ist. Auf diesen Anbau kann jedoch auch verzichtet werden.

Schematische Musterbeispiele

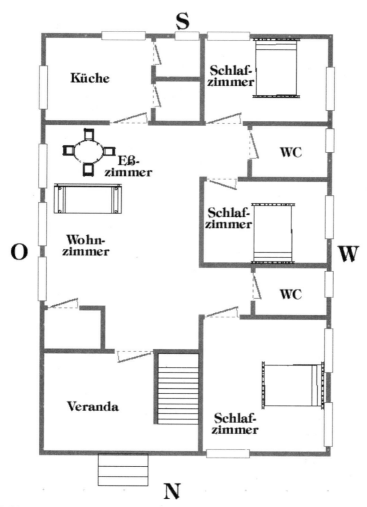

Abbildung 37: Beispiel eines Hauses mit Haupteingang im Norden

Der Nordosten dieses Hauses steht als Veranda zur Verfügung, während sich im Nordosten des angrenzenden Wohnzimmers ein kleiner abgetrennter Bereich zur Meditation oder Verehrung befindet. Auf diesen Raum kann auch verzichtet werden. Das Schlafzimmer im Westen eignet sich am besten für Kinder, während der Raum im Nordwesten auch als Büro oder Gästezimmer genutzt werden kann.

Ein modernes Vastu-Haus in Südindien

Mein Freund und Vastu-Lehrer Mohandas aus Kerala in Südindien erbaute in den letzten Jahren einige Häuser nach einem sehr originellen Plan, den Sie im folgenden abgedruckt finden.

Im Zentrum des zweistöckigen Wohnhauses befindet sich ein achteckiger Wohnraum, in den von einer im Norden gelegenen Terrasse auch der Haupteingang des gesamten Gebäudes hineinführt. Dies hat den Effekt, daß ein Mensch, der in diesen Wohnraum eintritt, sein Raumempfinden rhythmisiert. Nach oben hin offen, bildet dieser Raum das Brahmasthana des Gebäudes und damit sein energetisches Zentrum.

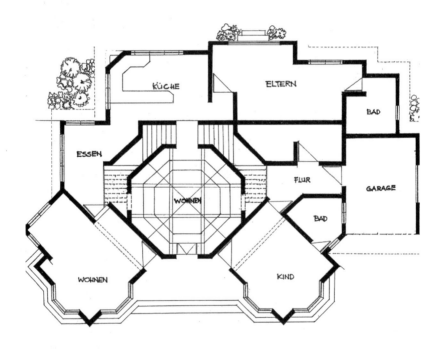

Abbildung 38: Das Erdgeschoß des Wohnhauses (unten ist Norden)

Ein modernes Vasati-Haus in Südindien

Die verschiedenen Räume des Gebäudes sind um dieses Achteck herum in Übereinstimmung mit den Gesetzen des Vastu plaziert. Im Erdgeschoß befindet sich im Südosten die Küche, während das Schlafzimmer der Eltern sich mit angrenzendem Bad im Südwesten befindet. Diese Räume sind ebenso ideal plaziert, wie das Wohnzimmer im Nordosten und das Kinderzimmer im Nordwesten des Hauses. An die Küche grenzt im Osten ein Raum zum Essen an, der mit großen Fenstern in Richtung Osten ausgestattet ist.

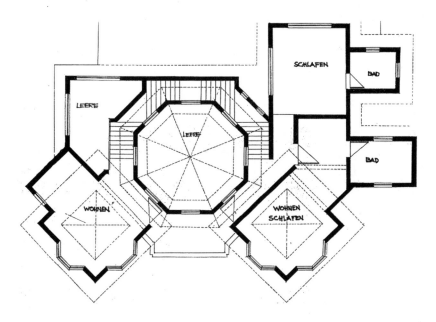

Abbildung 39: Das Obergeschoß des Wohnhauses (unten ist Norden)

Im Obergeschoß findet sich die gleiche Aufteilung des Raumes wieder. Im Nordosten befindet sich ein weiterer Wohnraum und auch der Südwesten steht wieder als Schlafzimmer zur Verfügung. Der Nordwesten kann sowohl als Gästezimmer als auch als Wohnraum benutzt werden. Die Agni-Ecke im Südosten steht hier als ein leerer Raum mit starken Energien zur Verfügung.

Ein modernes Vasati-Haus in Südindien

Dieses Beispiel zeigt sehr schön, wie die Prinzipien des Vastu mit viel Phantasie und der Fähigkeit, Räume kreativ zu gestalten, mit den Ansprüchen moderner Architektur und Lebensweise verbunden werden können.

Abbildung 40: Die Vorderansicht aus dem Norden

Der Neubau eines Wohnhauses bei Bremen

Ein gutes Beispiel für die Anwendung der Grundprinzipien des Vastu beim Neubau eines Hauses in unseren Breitengraden stellt die Planung eines Wohnhauses in Norddeutschland bei Bremen dar. Der Bauherr hatte bereits vor den ersten Entwürfen des Grundrisses mein Buch „Das Yoga des Wohnens" gelesen und daraufhin Pläne gezeichnet, die seine Vorstellungen zum Ausdruck brachten, wie das Haus letztendlich aussehen sollte. Die Veränderungen, die wir auf dieser Grundlage vornahmen, sind lehrreich. Versuchen Sie zunächst einmal selbst, die folgenden beiden Grundrißpläne nach Vastu zu beurteilen und, falls notwendig, zu korrigieren. Welche Veränderungen oder Verbesserungen würden Sie vorschlagen?

Abbildung 41a: Nordansicht

Abbildung 41b: Ostansicht

Der Neubau eines Wohnhauses bei Bremen

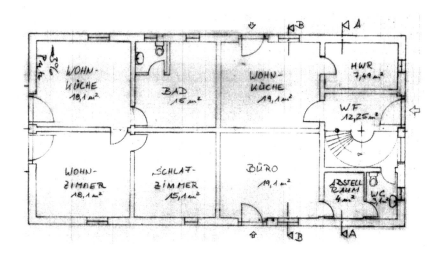

Abbildung 42: Erdgeschoß des Hauses vor der Vastu-Korrektur (Bleistiftskizze mit Süden auf der rechten Seite)

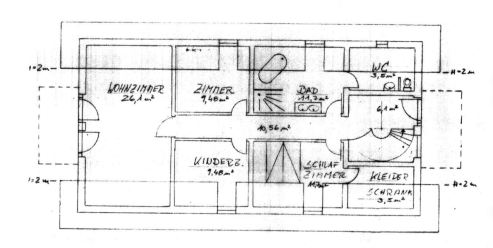

Abbildung 43: Obergeschoß des Hauses vor der Vastu-Korrektur (Bleistiftskizze mit Süden auf der rechten Seite)

Der Neubau eines Wohnhauses bei Bremen

Das Grundstück besitzt eine sehr gute Orientierung längs der Nord-Süd-Achse und eine regelmäßige Form. Da sich die Straße im Süden des Grundstücks befindet und das Grundstück eine längliche Form besitzt, ist es in diesem Fall sinnvoll, den Haupteingang in den Süden zu legen. In dem vorliegenden Plan wird der Haupteingang im Süden von Eingängen in allen anderen Richtungen begleitet, was von Vorteil ist. Die südliche Hälfte des Erdgeschosses ist von der nördlichen Hälfte getrennt, die als Wohnung für die Eltern des Bauherrn genutzt werden soll. Die zweite Wohnung besitzt den Haupteingang im Norden und besteht aus vier Räumen. Bezüglich der Lage des Hauses auf dem Grundstück ist zu beachten, daß man mehr Platz im Norden und Osten läßt als im Süden und Westen.

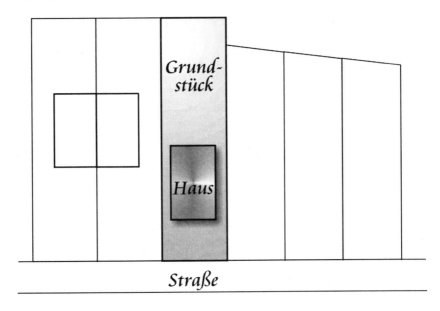

Abbildung 44: Das Grundstück mit der Straße im Süden

Das Bauland besitzt ein vorteilhaftes Gefälle in Richtung Norden. Zur Planung und Aufteilung des Hauses teilte ich dem Bauherrn die folgenden Beobachtungen mit:

Der Neubau eines Wohnhauses bei Bremen

Erdgeschoß

Nördlicher Bereich (Wohnbereich der Eltern)

• Eine Wohnküche im Nordosten ist nicht empfehlenswert. Sie sollte im Südosten (jetziges Bad) oder alternativ im Nordwesten liegen, wo bisher das Wohnzimmer geplant war.

• Das Wohnzimmer liegt idealerweise im Nordosten, dem Ort, wo die Wohnküche geplant war.

• Eine Wohnküche gilt vom Vastu her nicht als vorteilhaft, da der soziale Raum sich nicht direkt mit der Küche überschneiden sollte. Die Küche sollte möglichst nicht ständig für Gäste zugänglich sein.

• Das Schlafzimmer der Eltern ist im Südwesten ihres eigenen Wohnbereichs ideal und sollte dort bleiben.

• Das Bad liegt prinzipiell gut. Es sollte jedoch nicht direkt an die Küche angrenzen, was ebenfalls gewährleistet ist, wenn die Küche in den Nordwesten verlegt wird. Falls jedoch die Küche in den Südosten verlegt wird (jetziges Bad), müßte das Bad in den Nordwesten verschoben werden.

• Es sollte unbedingt vermieden werden, den Eingang zur Wohnung mit der Küche zu verbinden. Dieser Eingang sollte möglichst nicht benutzt werden bzw. besser gar nicht als solcher vorhanden sein.

Bereich des Bauherrn und seiner Familie (südlicher Bereich)

• Die Wohnküche im Nordosten kann für ein Haus mit dem Haupteingang im Süden in den Nordwesten verlegt werden, wo das Büro geplant ist. Das Büro ist im Nordwesten (jetziger Ort) jedoch ebenfalls gut plaziert. Daher erscheint es sinnvoll, den Südosten für die Küche zu wählen.

• Die Wohnküche mit Eingang im Osten und direktem Zugang vom Hauptflur aus gilt als problematisch. Sie sollte sich, wie bereits gesagt, eher im privaten Bereich befinden. Die Eingangstür zur Küche befindet sich direkt gegenüber dem Haupteingang des Hauses, was ungünstig ist.

Der Neubau eines Wohnhauses bei Bremen

• Ein WC im Südwesten direkt neben dem Haupteingang verstößt gegen die Prinzipien des Vastu. Es könnte mit dem Abstellraum getauscht werden, der in den Südwesten gehört.
• Der Südosten ist für den Hauswirtschaftsraum bzw. zum Lagern nicht geeignet, da durch eine solche Nutzung das Element Feuer nicht richtig zur Geltung kommt.
• Das Treppenhaus im Zentrum der Südseite ist nicht gut plaziert. Es sollte in Richtung Südwesten verlagert werden.

1. Etage

• Das Wohnzimmer im Norden ist gut gelegen.
• Das Kinderzimmer im Westen liegt ideal.
• Das Schlafzimmer mit dem begehbaren Kleiderschrank im Südwesten ist ebenfalls gut plaziert.
• Das Bad im Osten liegt gut, während das WC im Südosten nicht ideal ist (die Ecke des Feuers). Falls es verlegt wird, sollte es nicht direkt über dem Kochbereich geplant werden.
• Dem Haus fehlt bei dieser Planung das Zentrum (Brahmasthana), was auch auf viele seiner Teilbereiche zutrifft. Dadurch vergibt man einen der wichtigsten Trümpfe des Vastu.

Nach dieser anfänglichen Gesamtbeurteilung entschloß sich der Bauherr, auf die beiden Wohnküchen zu verzichten. Er trennte die Küchen vom Wohnbereich und plazierte sie jeweils im Südosten der beiden Hälften des Erdgeschosses. Hierzu verlegte er auch das Treppenhaus in Richtung Südwesten, wobei er im Erdgeschoß in der südwestlichen Ecke einen kleinen Abstellraum einrichtete. Damit war eine optimale Lösung für den Südwesten erreicht. Die Wohnküche in der südlichen Hälfte des Erdgeschosses wich einem großen Wohn- und Speiseraum, während das WC in den Nordwesten verlegt wurde.

Im Bereich der Wohnung der Eltern blieb das Schlafzimmer im Südwesten, während die verkleinerte Küche im Südosten ideal plaziert wurde. Das Bad mit WC im Nordwesten ist ebenso im empfohlenen Bereich wie das Wohnzimmer im Nordosten.

Der Neubau eines Wohnhauses bei Bremen

Die wichtigste Veränderung im Obergeschoß ist die Installation der Heizung im Südosten. Die übrigen Räume erfuhren dadurch keine wesentliche Verschiebung. Weiterhin wurden Bad und Toilette voneinander getrennt.

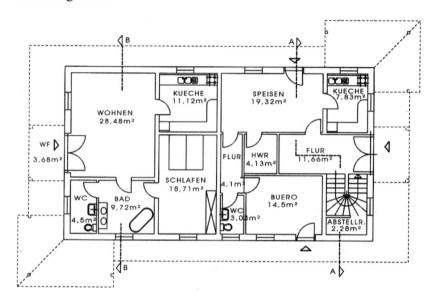

Abbildung 45: Das Erdgeschoß nach der Vastu-Korrektur (Süden rechts)

Abbildung 46: Südansicht

Der Neubau eines Wohnhauses bei Bremen

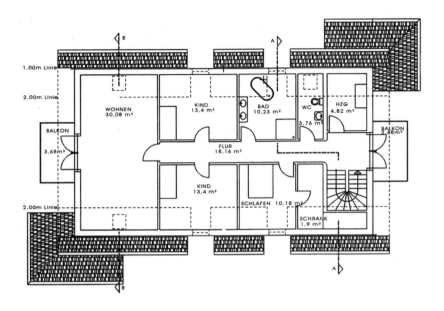

Abbildung 47: Das Obergeschoß nach der Vastu-Korrektur (Süden rechts)

Abbildung 48: Westansicht

Überblick über die acht Himmelsrichtungen

Die folgenden Diagramme geben einen schnellen und einprägsamen Überblick bezüglich der Eigenschaften und der Nutzung der acht Himmelsrichtungen.

Die folgenden Aspekte des Lebens sind mit den acht Himmelsrichtungen verbunden und werden durch deren Nutzung im Haus und auf dem Grundstück beeinflußt.

Glück	*Frieden*	*Energie*
Befreiung		*Leben*
Sorge	*Schwierig-keiten*	*Bemühung*

Überblick über die acht Himmelsrichtungen

Das Diagramm auf dieser Seite enthält weitere Eigenschaften, welche die Energien der einzelnen Himmelsrichtungen prägen. Außerdem gibt es an, mit welchen Mitgliedern der Familie die einzelnen Himmelsrichtungen hauptsächlich verbunden sind. Fehler und positive Eigenschaften in den einzelnen Himmelsrichtungen beeinflussen vor allem die ihnen zugeordneten Personen.

Bewegung Austausch Beziehungen *Mutter, 1. Sohn*	**Geburt, Gewinn** *Frauen, Töchter*	**Spiritualität Vergeistigung** *Vater, Söhne*
Ruhe, Abschluß *Söhne*		**Neubeginn Kraft** *Söhne*
Gewicht Einfluß Ausdehnung *Vater, Mutter, 1. Sohn*	**Tod, Verlust, Vergänglichkeit** *Frauen, Töchter*	**Energetisierung Beschleunigung** *Frauen, Kinder, 2. Sohn*

Überblick über die acht Himmelsrichtungen

Das nächste Diagramm deutet die optimale Nutzung der acht Himmelsrichtungen im Gebäude an.

Büro Gästezimmer Speisekammer Bad und Toilette	Safe Wohnzimmer Kinderzimmer Studierzimmer Keller	Meditation Wohnzimmer Keller
Studierzimmer Speisezimmer Kinderzimmer Bad und Toilette		Wohnzimmer Bad Keller Meditation Speisezimmer
Abstellkammer Schlafzimmer schwere Maschinen Lager Büro	Schlafzimmer Speicher Salon Treppen Lebensmittel	Küche Heizung elektrische Geräte

Überblick über die acht Himmelsrichtungen

Die folgende Auflistung bezieht sich auf den Garten, das Grundstück und die nähere Umgebung der Gebäude und zählt auf, was sich in den acht Himmelsrichtungen befinden sollte und was nicht.

Garage Viehstall Fahrräder Kräutergarten mittelgroße Pflanzen	Garten Veranda Gewässer viel freier Platz	Gewässer keine Bäume Garten Veranda
Bäume Hügel wenig freier Platz höhere Grundstücksbegrenzung		Garten Veranda Gewässer viel freier Platz
hohe Bäume schwere Steine Abstellschuppen keine Gewässer	Bäume Hügel wenig freier Platz höhere Grundstücksbegrenzung	Feuer elektrische Maschinen

Überblick über die acht Himmelsrichtungen

Dieses Diagramm faßt die metaphysischen und astrologischen Eigenschaften der acht Himmelsrichtungen zusammen. Es enthält für jede Richtung den beherrschenden Halbgott, den beherrschenden Planeten und das vorherrschende Element. Weiterhin werden die den Himmelsrichtungen zugeordneten Organe aufgeführt. Fehler in den einzelnen Richtungen wirken sich häufig auf die zugeordneten Organe aus.

Die Zuordnung erfolgt durch unterschiedliche Schrifttypen: **Halbgott**, Planet, Element, *Organe bzw. Körperteile*

Vayu Mond Luft *Magen, Milz, After*	**Kuvera** Merkur *Thymus, Hals*	**Ishan** Jupiter/Ketu Wasser/Äther *Gehirn, Kopf*
Varuna Saturn *Nieren, Unterleib*		**Indra** Sonne *Herz*
Nairutya Rahu Erde *Füße, Knochen*	**Yamaraja** Mars *Nieren, Unterleib*	**Agni** Venus Feuer *Leber*

Glossar der Sanskritbegriffe

Agni	Der Halbgott des Feuers; Beherrscher des Südostens
Ayurveda	Die indische Naturheilkunde; die Wissenschaft des langen Lebens
Brahma	Gilt im Hinduismus als Schöpfergott bzw. Architekt des Universums
Brahmanabhi	Zentraler Punkt im Zentrum eines Hauses
Brahmasthana	Geometrisches und energetisches Zentrum eines Hauses bzw. eines Grundstücks
Chakren	Energiezentren des feinstofflichen Körpers, die auch auf den Raum des Vastu bezogen werden können
Dakshina	Süden
Deva	Halbgott
Doshas	Drei Konstitutions-Typen des Menschen im Ayurveda
Gayartri	Vedisches Versmaß; Mutter der Veden; heilige Hymne zur Verehrung Gottes
Garuda	Träger Vishnus in der Gestalt eines Adlers
Ganesha	Sohn Shivas mit Elefantenkopf; wird in Indien verehrt, um Wohlstand und Glück zu bringen; sein Bild oder seine Statue befindet sich in Indien zumeist über Eingängen und Türen
Hanuman	Großer Geweihter Ramas in der Gestalt eines Affen
Indra	Der König der Halbgötter; Beherrscher des Ostens
Ketu	Schattenplanet; mythologisch durch den Schwanz des Drachen repräsentiert
Kuvera	Der Schatzmeister der Halbgötter; Beherrscher des Nordens
Mandala	Auf ein Zentrum gerichtete, geometrische Matrix, die in graphischer Form metaphysische Zusammenhänge darstellt bzw. symbolisiert.
Maya Danava	Schüler Brahmas und Begründer des Vastuvidya, vor allem der südindischen Schule
Nakshatra	Die 27 Nakshatras sind Sternbilder, die als die Frauen des Mondes bezeichnet werden. Innerhalb eines Monats wandert der Mond durch diese 27

Glossar der Sanskritbegriffe

	Sternbilder hindurch. Sie sind in der vedischen Astrologie von großer Bedeutung.
Narasimhadeva	Form Gottes mit dem Kopf eines Löwen und dem Körper eines Menschen; Inkarnation Vishnus, die mit der Intention erschien, Ihren Geweihten Prahlada zu beschützen
Om	Mystischer Klang, der nach vedischer Philosophie die Gesamtheit des Kosmos verkörpert
Paschima	Westen
Purva	Osten
Purusha	Person
Rahu	Schattenplanet; mythologisch durch den Kopf des Drachen repräsentiert
Sanskrit	Ursprache Indiens, in der die vedischen Schriften verfaßt sind
Shilpin	Meister der vedischen Baukunst
Sthapati	Architekt der vedischen Baukunst
Swastika	Glückverheißendes Symbol
Uttara	Norden
Vastu	Vastu bedeutet ursprünglich Raum, Substanz und bezieht sich im konkreten Sprachgebrauch in erster Linie auf das Grundstück. Im weiteren Sinne kann es für jede Art von Gebäude bzw. Konstruktion verwandt werden.
Vastupurusha	Die kosmische Personifikation der Gesamtheit aller feinstofflichen Energien des Universums
Vastuvidya	Die Wissenschaft des Vastu
Varuna	Der Halbgott des Wassers; Beherrscher des Westens
Vayu	Der Halbgott der Luft und des Windes; Beherrscher des Nordwestens
Veden	Die jahrtausendealten Sanskritschriften Indiens
Vidya	Wissen
Vishnu	Sanskritname für Gott
Yamaraja	Der Halbgott des Todes; Beherrscher des Südens
Yoga	Verbindung mit etwas Höherem; in der Astrologie bezeichnet es die Verbindungen zwischen den Planeten

Literaturverzeichnis

Verschiedene Teile dieses Buches beziehen sich auf unterschiedliche Bücher zum Thema Vastu. Teilweise wurden Übersetzungen von Sanskrit-Originaltexten herangezogen, teilweise dienten akademische Klassiker als Grundlage, während in Bezug auf die praktische Planung eines Hauses auf verschiedene sehr gute moderne Arbeiten zurückgegriffen wurde. Die folgenden Bücher fanden hierbei besondere Beachtung:

Vastushastra, An Edifice Science, A.R. Tarkhedkar, Cosmo Publishing House, India, Dhulia 1995

Principles and Practice of Vastu Shastra, V.V. Raman, Vidya Bhavan, Jaipur 1996

Vedic Architecture and Art of Living, A Book on Vastu Shastra, B.B. Puri, Vastu Gyan Publication, Delhi 1995

Hidden Treasure of Vastu Shilpa Shastra and India Traditions, Derebail Muralidhar Rao, SBS Publishers, Bangalore 1995

Vastu Shastra, Vol.1, Hindu Science of Architecture, D.N. Shukla, Vastu-Vanmaya-Prakasana-Sala, Lucknow 1960

The Secret World of Vaasthu, Gouru Tirupati Reddy, Prajahita Publishers, Hyderabad 1996

Vastu Sutra Upanishad, A. Boner, Sadasiva Rath Sarma, Bettina Bäumer, Moltilal Banarsidass, Delhi

Viswakarma Vastushastram, K.V. Sastri, N.B. Gadre, Tanjore Sarasvati Mahal Series No. 85, Tanjore 1958

Matsya Purana, Übersetzung aus dem Sanskrit

Remedial Vaasthushastra, Bhojraj Dwivedi, Diamond Pocket Books, New Delhi 1998

Literaturverzeichnis

Commercial Vaastu, Bhojraj Dwivedi, Diamond Pocket Books, New Delhi 1998

Sampuran Vaasthushastra, Bhojraj Dwivedi, Diamond Pocket Books, New Delhi 1997

Environmental Vaastu, Bhojraj Dwivedi, Diamond Pocket Books, New Delhi 1998

Lucky Homes, A.K. Bansal, New Delhi 1998

Vastuvidyapravesika, A Text Book of Vastuvidya, Balagopal Prabhu, A. Achyuthan, Vastuvidyapratisthanam, Calicut 1996

Science of Vaasthu, Danthuri Pandarinath, Navasahithi Book House, Vijayawada 1997

Secrets of Yantra, Mantra and Tantra, L.R. Chawdhri, Sterling Publishers, New Delhi 1992

Practicals of Yantras, L.R. Chawdhri, Sagar Publications, New Delhi 1984

Sthapati, The Journal of Traditional Indian Architecture, Vastuvidyapratisthanam, Calicut, 1998-1999, Vol 1-4

Vastu, Astrology and Architecture, Gayatri Devi Vasudeva, Motilal Banarsidass Publishers, Delhi 1998

The Penguin Guide to Vaastu, Sashikala Ananth, Viking, New Delhi 1998

Sri Sai Science of Gruha Vastu, Dronam Raju Poornachandra Rao, Rajyalakshmi Publications, Hyderabad 1995

The Amazing Science of Vaastu, A.R. Hari, A.H. Sudeep, Ramya Mudrana, Bangalore 1995

Literaturverzeichnis

Practical Vastushastra, Acharya Satyanand, Daimond Pocket Books, New Delhi 1998

The little Book on Vastu, Gyan C. Jain, BPB Publications, Delhi 1996

Vaastu Shastra, Redefined, reinterpreted and illustrated, Dr. V. Ganapathi Sthapati, Vaastu Purusha Publishing House, Madras 1997

Vastu Shastra, A Scientific Treatise, Dr. V. Ganapathi Sthapati, Vastu Vedic Research Foundation, Madras 1996

Your Fortune from thy House (Vastu Shastra), R.G. Rao, Sagar Publications, New Delhi 1995

Sthapatis Visit to Maaya Land, A write up on Sthapatis visit, Hinduism Today, Juni 1995

Temples of Space-Science, Dr. V. Ganapathi Sthapati, Vastu Vedic Research Foundation, Madras 1996

Karl Heinz Hanusch und Sonja Klug; Ayurveda - Indische Heilweisen für Europäer, ECON Taschenbuch Verlag, Düsseldorf 1992

Daniela Zander; Ayurveda - die sanfte Naturheilkunde der alten Weisen. Tattva Viveka 3/95, S.28-34; Frankfurt 1995

Schule der Geomantie, Marko Pogacnik, Knaur, München 1996

Den Lesern, die eine systematische Einführung zum Thema Vastu in deutscher Sprache suchen, empfehlen wir:

Das Yoga des Wohnens, Wohnen und Bauen nach den Gesetzen des Vastu, Marcus Schmieke, Silberschnur 1999

Haus, Mensch und Kosmos, Wie Vastu unsere Zukunft beeinflußt, Marcus Schmieke, Silberschnur 1999

Über den Autor

Marcus Schmieke, geboren 1966 in Oldenburg, studierte Physik und Philosophie in Hannover und Heidelberg. Er wurde 1989 in eine vedische Schülernachfolge eingeweiht und verbrachte seither zahlreiche Studienaufenthalte in Indien, um Sanskrit, vedische Philosophie und Vastuvidya zu studieren.

Seit 1993 arbeitet er hauptsächlich an der Integration von Wissenschaft und Spiritualität und veröffentlichte seine ersten Arbeiten zu diesem Thema in der 1994 von ihm mitbegründeten Zeitschrift Tattva Viveka. Weiterhin verfaßte er die Bücher „Das letzte Geheimnis" (1995) und „Das Lebensfeld" (1997) und gab einen Kongreßband über „Feinstoffliche Energien in Naturwissenschaft und Medizin" heraus (1997).

Im Jahre 1996 gründete er die Veda-Akademie zur Integration von Wissenschaft und Spiritualität auf Schloß Weißenstein, die sich als ein interdisziplinäres Forschungs- und Lehrzentrum mit neuen Paradigmen in Wissenschaft und Medizin beschäftigt.

Im April 1998 zog diese Akademie in die Sächsische Schweiz, und richtete ihren Schwerpunkt wieder stärker auf die Erforschung vedischen Wissens. Vastuvidya bildet einen integralen Bestandteil ihrer Arbeit, da in die vedische Architektur Wissen aus allen Bereichen einfließt.

Neben seinem Studium der wichtigsten Originaltexte studierte Marcus Schmieke die technischen Aspekte des Vastuvidya an dem renommierten südindischen Institut *Vastuvidyapratisthanam*, an dem er auch sein Diplom erwarb. Gegenwärtig bietet er neben Vorträgen und Seminaren auch eine Ausbildung zum Vasati-Berater an. Die vorliegende Veröffentlichung ist neben seinen Werken „Das Yoga des Wohnens" (1998) und „Haus, Mensch und Kosmos" (1999) sein drittes Buch zum Thema Vastu.

Akademie „Burg Schöna"

Vasati-Dienstleistungen

Vasati ist die moderne, für europäische Verhältnisse angemessenen Form des Vastu. Die Akademie „Burg Schöna" verwendet den Begriff *Vasati*, um die besondere Form des Vastu zu bezeichnen, die sie vertritt und lehrt.

Yantras

Die in diesem Buch verwendeten und viele weitere Yantras mit speziellen Funktionen können Sie in farbiger Ausführung und auf Folie bei der Akademie „Burg Schöna" bestellen. Fordern Sie eine Liste der lieferbaren Yantras an!

Eigene Richtung

Falls es Ihnen nicht gelingt, Ihren *Mondnakshatra* selbst zu bestimmen, so können Sie sich unter Angaben Ihrer genauen Geburtsdaten (einschließlich Geburtszeit und Ort) an die Akademie „Burg Schöna" wenden. Es fällt dabei eine Bearbeitungsgebühr von DM 15,- an (bitte in Briefmarken beilegen).

Vasati-Fernstudium

Die Akademie „Burg Schöna" bietet einen Fernlehrgang zum Vasati-Berater mit abschließender Prüfung an. Der Lehrgang umfaßt die monatliche Zusendung von Lehrvideos und Lehrbriefen. Es sind begleitende monatliche Aufgaben zu bearbeiten, die eingesandt und korrigiert zurückgesandt werden. Fordern Sie auch hierzu bitte nähere Informationen an.

Vasati-Beratungen

Wir bieten Ihnen auch gerne eine Vasati-Beratung für Ihr eigenes Haus oder Geschäft an. Diese Beratung kann vor Ort oder auf der Grundlage eines eingesandten Grundrisses geschehen. Auch im Falle eines geplanten Neubaus oder Kauf eines Hauses beraten wir Sie gerne.

Vasati-Dienstleistungen

Bestimmung des richtigen Zeitpunktes

Ebenso wichtig wie die räumliche Abstimmung Ihres Hauses ist die zeitliche Koordination des Bauvorhabens. Wir berechnen Ihnen die besten Zeitpunkte für den Baubeginn, das Einweihungsfest, den Einzug und andere wichtige Ereignisse.

Energetische Untersuchung

Sowohl für einen geplanten Neubau als auch für ein bereits bestehendes Gebäude ist es von großer Wichtigkeit, den genauen Verlauf der Wasseradern und der Hartmann-Linien zu kennen. Wir bestimmen diese Energielinien und auch andere Störenergien auf der Grundlage eines von Ihnen eingesandten Grundrisses Ihres Hauses oder einzelner Räume.

Vasati-Seminare

Sowohl in der Akademie „Burg Schöna" als auch an anderen Orten bieten wir regelmäßig eine Folge von vier Vasati-Seminaren an, die zusammengenommen den ersten Teil einer Vasati-Ausbildung bilden. Fordern Sie den aktuellen Seminarplan an oder organisieren ein Vasati-Seminar in Ihrem eigenen Kreis. Wir stellen gerne die Referenten.

Seminarvideos

Der Vasati-Basiskurs und das Vertiefungsseminar sind auf VHS-Video-Kassetten erhältlich. Die Dauer der Videos beträgt pro Seminar zwischen acht und zehn Stunden. Die Seminarvideos vermitteln neben der Theorie auch die Praxis des Vasati.

Akademie "Burg Schöna"
Stichwort *Vasati*
Hirschgrund 94
01814 Schöna
Tel. 035028-80981   Fax 035028-80982

Akademie „Burg Schöna"
zur Integration von Wissenschaft und Spiritualität
Elbsandsteingebirge / Sächsische Schweiz

Seminare, Videos und Bücher zu den Themen:

Vasati – Die vedische Baukunst
Vedische Philosophie und Sanskrit
Ayurveda
Spirituelle Kosmologie
Freie Energie und alternative Technologien
Burkhard Heims Feldtheorie
Viktor Schauberger und Wasser uvm.

Akademie „Burg Schöna"
Hirschgrund 94
01814 Reinhardtsdorf-Schöna
Tel. 035028-80981
Fax 035028-80982

Fordern Sie unseren kostenlosen Seminarplan an!

Verlag „Die Silberschnur"

Weitere Bücher des Autors

Das erste Buch in deutscher Sprache über die jahrtausendealte Wissenschaft Indiens, in Einklang mit den Gesetzen der Natur zu bauen und zu wohnen. Vastu berücksichtigt das Wesen der fünf Elemente, den Bewegungsverlauf der Sonne, des Mondes und der Planeten sowie geologische und klimatische Einflüsse, um den idealen Grundriß eines Hauses zu entwerfen. Das Haus ist ein Mikrokosmos, der den Menschen mit dem Universum verbindet und dessen Energien auf ihn fokussiert. Dieses Buch lehrt, wie wir unsere Wohnung einrichten können, um die auf uns wirkenden Kräfte optimal zu nutzen. Bestimmen Sie Ihr Schicksal selbst, indem Sie Ihre Umgebung den Naturgesetzen entsprechend gestalten!

Das Yoga des Wohnens, Marcus Schmieke, 128 S., DM 26,80

„Haus, Mensch und Kosmos" vermittelt mit mehr als 180 Zeichnungen und kurzen Texten die Geheimnisse des Vastu, nach denen in Indien seit Jahrtausenden Häuser, Tempel und ganze Städte gebaut werden. Die Erfahrung Hunderter Generationen vedischer Baumeister und Architekten beweist, daß die Zukunft des Menschen sowohl im persönlichen und gesundheitlichen als auch im geschäftlichen Bereich von der Gestaltung seines Wohnraums beeinflußt wird. Das Haus verbindet den Menschen mit den Energien der Erde, der Planeten und des Kosmos.
Dieses Buch zeigt Ihnen, wie Sie selbst das Wissen des Vastu anwenden und seine tiefgehende Wirkung erfahren können.

Haus, Mensch und Kosmos, Marcus Schmieke, 166 S., DM 29,80

Olivia Moogk

Geheimsymbolik des Feng-Shui

Das Buch „Geheimsymbolik des Feng Shui" ist die erste Veröffentlichung dieser Art, das die Macht der Symbole präsentiert.
Mit den Geheimsymboliken kann man Glück, Wohlstand, Gesundheit, gute Liebesbeziehungen und Kinderglück genauso anziehen wie Glück in geschäftlichen Angelegenheiten, Schutz und Macht. Daß dabei Codierungen, die mit den Himmelsrichtungen zusammenhängen, eine nicht zu unterschätzende Rolle im Leben spielen können und Formen zu Resonanzen im Körperinneren führen, sollte Sie nach diesem Büchlein nicht mehr verblüffen.

ISBN 3-931 652-63-7
120 Seiten · gebunden
DM 19,80

Olivia Moogk

Beauty Feng Shui

Lassen Sie sich von der Feng Shui-Expertin Olivia Moogk in das Reich der Farbsinne, Inneneinrichtung, Ernährung und Bewegung einladen, und vertrauen Sie ihrer Kompetenz, die sie sich in China erworben hat. Schönheit wurde noch nie so ganzheitlich aufgefaßt und beschrieben, wie es dieses Buch tut. Folgen Sie auf Schritt und Tritt den acht Säulen der Schönheit, und seien Sie sich gewiß, daß Ihre Stärke, Ausstrahlung und Anziehungskraft steigen werden.

ISBN 3-931 652-70-X
136 Seiten · vierfarbig · gebunden
DM 49,90

ISBN 3-931 652-44-0
256 Seiten · gebunden
1 Mobile-Set zum Falten,
mit fünf Platonischen Körpern
DM 49,90

Bruce Rawles

Mandalas der Heiligen Geometrie
Das universale Design der Natur

Dieses einzigartige Buch bringt erstmals eine kompetente Zusammenstellung der über 1000 wichtigsten geometrischen Gestaltungsformen der physischen Natur. Versehen mit einer spirituellen Einführung in die Materie und die dahinterliegenden Weltgeheimnisse, bietet dieser grafische Fundus schier unbegrenzte Möglichkeiten für Groß und Klein. Dieses Buch ist ein Muß für Designer, Kunsthandwerker und Architekten, zugleich auch ein Mandala-Malbuch für Fortgeschrittene.

ISBN 3-931 652-74-2
168 Seiten · gebunden
DM 29,80

D. Mantez, J.-M. & M. Paffenhoff

Kristallokosmik
Die magische Verbindung zwischen Mensch und Stein

Die Autoren spannen einen Bogen von den altüberlieferten Traditionen der Indianer über die chinesische Energielehre bis zu den Kristallen und ihren Möglichkeiten, als „intelligente Werkzeuge" das Gleichgewicht zwischen Körper, Geist und Seele wiederherzustellen.
Der Umgang mit Kristallen als Weg der Einweihung - wie wir Menschen die Schwächen und Stärken unseres menschlichen Seins in uns erforschen und so ein neues Bewußtsein erreichen können.

Test- und Arbeitsbuch

zum
Vastu-Praxisbuch

Marcus Schmieke

Test- und Arbeitsbuch

zum

Vastu-Praxisbuch

IIIIIIIIIIIIIIIIIIIII SILBERSCHNUR IIIIIIIIIIIIIIIIIIIII

Alle Rechte, auch die des auszugsweisen Nachdrucks, der fotomechanischen Wiedergabe, der Übersetzung und der Einspeicherung und Verarbeitung in elektronischen Systemen, vorbehalten.

© Verlag Die Silberschnur GmbH

ISBN 3-931 652-76-9

1. Auflage 1999

Druck: FINIDR

Verlag Die Silberschnur GmbH, Steinstraße 1, D-56593 Güllesheim

http://www.silberschnur.de
e-mail: info@silberschnur.de

Inhalt

Ein kleiner Vastu-Test für Ihr Haus 7

Das 108 Schritte Programm 13
  Ausführung und Beurteilung des großen Tests 13
  Die Bewertung des Grundstücks 14
    Der Nordosten 17
    Der Südwesten 26
    Die Nordwest-Südost-Achse 36
  Energien des Grundstücks 41
  Eingänge zu Haus und Grundstück 44
  Die Himmelsrichtungen im Gebäude 57
    Der Nordosten 58
    Der Südwesten 66
    Das Zentrum 76
    Der Südosten 78
    Der Nordwesten 81
    Der Osten 85
    Der Norden 88
    Der Westen 90
    Der Süden 92
  Einflüsse der Planeten und der Elemente 94
  Fenster 99
  Innenausstattung des Hauses 103
  Die Küche 127
  Die Speisekammer 142
  Farben im Haus 145
  Kommerzielle Räume 149
  Korrekturen mit Hilfe von Spiegeln 160
  Auswertung 165
  Tabellen zur Auswertung 167
  Interpretation des Test-Ergebnisses 180
  Was ist der nächste Schritt? 181
  Yantras für Ihr Haus 182

108 Schritte - Arbeitsbuch

Ein kleiner Vastu-Test für Ihr Haus

Der folgende Test kann Ihnen Auskunft darüber geben, ob in Ihrem Haus grundlegende Prinzipien des Vastu verletzt sind. Zählen Sie die den jeweiligen Fragen zugeordneten Punkte zusammen, um zu einer groben Gesamtbewertung ihres Hauses zu kommen. Falls keine der Antworten zutrifft, bewerten Sie die Frage bitte mit 5 Punkten. Falls mehrere Antworten zutreffen, bilden Sie nach ihrem Ermessen den Mittelwert der verschiedenen Antworten.

Die Bewertung der Antworten erfolgt nach dem folgenden Schema, das jeder Himmelsrichtung genau einen Quadranten zuordnet. An der Stelle der ihrer Antwort entsprechenden Himmelsrichtung finden Sie für jede Frage die jeweilige Punktzahl in diesem Quadranten angegeben. Sie können den Ihrer Antwort entsprechenden Quadranten markieren, indem sie die darin enthaltene Punktzahl umkreisen.

NW	N	NO
W		O
SW	S	SO

Fragen:

1. In welcher Richtung liegen Hügel bzw. Berge?

4	2	1
6		2
8	6	4

2. In welcher Richtung befinden sich hohe Bäume, deren Schatten auf das Haus fällt?

4	2	1
6		2
8	6	4

3. In welcher Richtung befinden sich größere Wasserkörper wie Seen, Teiche oder Flüsse in der Nähe oder auf ihrem Grundstück?

4	6	8
2		6
1	2	4

6. In welcher Richtung besitzt Ihr Grundstück mehr Platz? Im Osten oder Westen?

1		8

4. In welcher Richtung befinden sich große Gebäude in der Nähe Ihres Grundstücks, die Ihr eigenes Gebäude überragen?

4	2	1
6		2
8	6	4

7. In welcher Richtung fällt Ihr Grundstück ab?

4	7	8
2		7
1	2	4

5. In welcher Richtung besitzt Ihr Grundstück mehr Platz? Im Süden oder Norden?

	8	
	1	

8. In welcher Richtung befindet sich der Haupteingang des Grundstücks?

4	8	4
4		8
1	2	4

Der kleine Vastu-Test

9. In welcher Richtung befindet sich der höchste Teil des Hauses?

4	2	1
6		2
8	6	4

10. In welcher Richtung befindet sich die Terrasse?

4	8	8
2		8
1	2	4

11. In welcher Richtung befindet sich das Treppenhaus?

4	2	1
6		2
8	6	4

12. In welcher Richtung verläuft das Gefälle des Fußbodens des Gebäudes?
kein Gefälle = 5P

4	7	8
2	1	7
1	2	4

13. In welcher Richtung liegt der Haupteingang des Gebäudes?

4	7	6
6		8
1	2	4

14. In welcher Richtung liegt die Küche?

6	4	2
4	3	5
1	5	8

108 Schritte - Arbeitsbuch

15. In welcher Richtung liegt die Abstellkammer?

4	3	1
6	1	1
8	7	3

16. In welcher Richtung liegen die Schlafzimmer der Eltern?

5	4	1
6	3	4
8	7	4

17. In welcher Richtung befindet sich das Bad mit Toilette?

8	6	1
8	1	4
3	8	2

18. In welcher Richtung befindet sich die Lebensmittelkammer?

8	6	4
6	4	6
3	6	4

19. In welcher Richtung liegen die Kinderzimmer?

6	5	2
8	3	4
3	4	6

20. In welcher Richtung befindet sich das Eßzimmer?

5	6	4
8		6
2	2	4

Der kleine Vastu-Test

Tabelle zur Bestimmung des Ergebnisses

Tragen Sie nun bitte die Punktzahlen aller Fragen in die untenstehende Tabelle ein und multiplizieren Sie diese jeweils mit dem zu jeder Frage angegebenen Faktor. Zählen Sie die 20 Zwischenergebnisse zusammen und teilen Sie das Ergebnis durch 44. Damit erhalten Sie eine Gesamtbewertung für Ihr Haus zwischen 1 und 8 Punkten.

Frage Nr.	Bewertung	Faktor	Punktzahl
1		4	
2		3	
3		2	
4		2	
5		2	
6		2	
7		3	
8		2	
9		4	
10		1	
11		1	
12		1	
13		3	
14		3	
15		3	
16		1	
17		2	
18		1	
19		3	
20		1	
Summe		44	
		Ergebnis/44=	

Auswertung des kleinen Tests

8 Punkte bedeuten 100%. Es ist zu erwarten, daß ein Haus niemals 100% erreicht. Eine hundertprozentige Einhaltung der Bauprinzipien wird beim Tempelbau angestrebt. Bei einem normalen Wohnhaus ist eine so hohe Bewertung nicht zu erwarten, da der Raum, in dem wir leben, unser Bewußtsein und unsere Tätigkeiten widerspiegelt und auf unsere Gefühle und Gedanken reagiert. Veränderungen im Inneren finden sich häufig im Äußeren wieder und ebenso werden räumliche Veränderungen von inneren begleitet. Falls Sie jedoch deutlich unter 50% (4,5 Punkte) liegen und Sie das Empfinden haben, Ihre Wohnsituation verbessern zu können und zu müssen, würde ich Ihnen empfehlen, nach den genauen Ursachen zu forschen. Ein Haus, das in der Bewertung bei 60% (4,8 Punkte) oder darüber liegt, sollte als gut angesehen werden und läßt sich sicherlich in vielen Details verbessern, so daß man vielleicht die 75% Marke (6 Punkte) erreichen kann.

Das 108-Schritte Programm für mehr Wohn- und Lebensqualität

Ausführung und Beurteilung des begleitenden großen Tests

Sie können das 108-Schritte Programm sowohl mit als auch ohne den parallel laufenden Test durchführen. Der Test kann als Kontrolle dienen, um den Zustand Ihres Hauses vor und nach den Korrekturen zu vergleichen. Beim ersten Durchgang durch das Programm können Sie zunächst feststellen, ob das angesprochene Prinzip erfüllt oder verletzt wird und die Bewertung mit Punkten durchführen. Es empfiehlt sich, die Beobachtungen in dem dafür vorgesehenen Platz zu protokollieren. Selbstverständlich können Sie auch sofort die eine oder andere Korrektur durchführen und auf den ersten Testlauf verzichten.

Einige Bewertungen sind eindeutig, doch bei anderen müssen Sie die Punktzahl ungefähr abschätzen. Nicht jede Frage kann eindeutig beantwortet werden. Häufig sind nur die Extreme im positiven und negativen Bereich angegeben, so daß sie im Einzelfall jeweils einen der Situation angemessenen Zwischenwert bilden sollten. Einige Schritte beziehen sich auf die einzelnen Bewohner des Hauses und müssen daher individuell beantwortet werden. In diesen Fällen sollten Sie den Mittelwert der Einzelpunktzahlen ermitteln und in die Bewertung einfließen lassen. Für einen kleinen Teil der Schritte werden Punkte pro Raum oder pro Eintreffen eines bestimmten Umstandes vergeben. In diesen Fällen ist jeweils eine maximale positive und negative Punktzahl angegeben, die in die Bewertung eingehen kann.

Jeder einzelne Abschnitt wird am Ende eines Durchganges für sich ausgewertet, damit Sie einen Überblick bekommen, in welchem Bereich die Stärken und Schwächen Ihres Hauses zu finden sind. Aus den Zwischenergebnissen der einzelnen Abschnitte wird dann das Gesamtergebnis ermittelt. Das von Ihnen gewonnene Test-Ergebnis ist eine allgemeine, aber aussagekräftige Beurteilung Ihres Hauses nach Vastu. Wie schwerwiegend ein bestimmter Defekt ist und ob er durch andere positive Eigenschaften ausgeglichen wird, wird in jedem einzelnen Fall durch Erfahrung und Einfühlung entschieden. Entscheidend ist, daß Ihnen die 108 Schritte helfen, eine deutliche Verbesserung Ihrer Wohnsituation zu erreichen.

Die Bewertung des Grundstücks

Schritt 8

Die Form des Grundstücks sollte möglichst regelmäßig sein. Versuchen Sie daher, das Grundstück entweder zu ergänzen oder Bereiche abzutrennen, so daß ein regelmäßiges Rechteck entsteht. Dies kann mit Hilfe von Hecken oder Zäunen geschehen, wobei die voneinander getrennten Bereiche unterschiedlich genutzt werden können. So kann beispielsweise der eine Teil als Garten und ein anderer Teil als Parkplatz genutzt werden. Auf einem rechteckigen Grundstück kann sich ein harmonisches Energiefeld ausbilden. Die Seiten des Rechteckes sollten möglichst parallel zu den Haupthimmelsrichtungen liegen.

Problem vorhanden? j n   Problem gelöst? j

Beschreibung: _____

_____

_____

_____

Ist das Grundstück rechteckig: 8
Ist das Grundstück im Nordosten erweitert: 8
Ist das Grundstück in einer anderen Richtung erweitert: -8
Ist das Grundstück völlig unregelmäßig: -8
Ist das Grundstück bzgl. Der Haupthimmelsrichtungen ausgerichtet: ja: 8; nein: -8

Bewertung

Die Bewertung des Grundstücks

Schritt 9

Im Boden des Grundstücks sollten sich keine Ameisenhügel, Knochen, Metallstücke oder Abfälle befinden. Säubern Sie es vollständig von solchen unglückverheißenden Gegenständen.

Problem vorhanden? | j | n | Problem gelöst? | j |

Beschreibung:

_____

_____

_____

_____

_____

_____

_____

_____

Grundstück gesäubert: 8
Grundstück belastet: -8

Bewertung

15

Schritt 10

Bestimmen Sie das Brahmasthana des Grundstücks, d.h. den zentralen Bereich, in den die kosmischen Energien in das Grundstück einfließen. Befinden sich dort keine Gebäude, so sollte man diesen Bereich, dessen Seitenlängen jeweils ungefähr ein Drittel der Grundstücksbreite bzw. Länge beträgt, möglichst frei und offen gestalten und ihn nicht mit schweren Konstruktionen und hohen Bäumen belasten.

Dieser Bereich eignet sich hervorragend als Treffpunkt und zur Meditation. Es ist ein Bereich, der Energie schenkt und spirituelle Tätigkeiten unterstützt.

Problem vorhanden? j n   Problem gelöst? j

Beschreibung: _____

_____

_____

_____

_____

_____

Freies Brahmasthana: 8
Kein freier Raum im Zentrum: -4
Geräteschuppen, Toilette oder ähnliches im Zentrum: -8

Bewertung

Der Nordosten des Grundstücks

Schritt 11

Die Energien des Zentrums fließen auf der Diagonalen in Richtung Nordosten und steigen in dieser Richtung auf. Sie verfeinern sich in Richtung Nordosten und brauchen dort viel Platz. Betrachten Sie bitte den Nordosten ihres Grundstücks. Er sollte möglichst rein, sauber, ordentlich, leicht und offen gehalten werden und möglichst für anspruchsvolle Aktivitäten genutzt werden.

Befindet sich dort Müll, so sollte für diesen unbedingt in einem anderen Bereich des Grundstücks ein Platz gefunden werden. Am besten eignet sich hierfür der Südwesten, doch auch der Westen und Süden können für diesen Zweck genutzt werden. Befinden sich im Nordosten schwere Dinge, so sollten diese, wenn möglich, ebenfalls in Richtung Südwesten verlagert werden. Versuchen Sie den Nordosten so sauber, ordentlich und leicht wie möglich zu gestalten.

Sie können den Nordosten beispielsweise gestalten, indem Sie dort einen Teich anlegen und Trittsteine plazieren. Arrangierungen mit Sand und farbigem Kies sind ebenfalls sehr schön. Auch ein Steingarten mit leichten Steinen und niedrigen Büschen ist dort angebracht, während Sie schwere und große Gegenstände und Steine vermeiden sollten. Rasenflächen und Blumengärten sind in dieser Richtung ideal und können mit Sitzgelegenheiten aus leichtem Material bestückt werden.

Alle Arten von Wasserspielen sind im Nordosten sehr förderlich, falls Sie keiner zu schweren und großen Konstruktionen bedürfen. Ein kleiner Springbrunnen ist ideal und bietet für diesen hochenergetischen Ort einen attraktiven Anziehungspunkt. Versuchen Sie den Nordosten möglichst anziehend zu gestalten, damit sich die Menschen gerne dort aufhalten.

108 Schritte - Arbeitsbuch

Problem vorhanden? [j] [n]   Problem gelöst? [j]

Beschreibung: _____

_____

_____

_____

_____

_____

_____

_____

_____

_____

_____

_____

_____

_____

_____

_____

_____

_____

Nordosten des Grundstücks leicht und sauber: 8
Nordosten schwer und unordentlich: -8
Müll oder ähnliches im Nordosten: -8
Angenehme Gartenarrangierung im Nordosten: 4

[ ] [ ] Bewertung

Der Nordosten des Grundstücks

Schritt 12

Hohe Bäume im Nordosten des Grundstücks sollten möglichst gefällt werden, so daß der Nordosten offen und frei ist. Je mehr Platz man im Nordosten schaffen kann, desto besser. Dem Nordosten ist das Element Äther (Raum) zugeordnet. Schafft man dort offenen Raum, so werden die geistigen Tätigkeiten des gesamten Projektes gefördert.

Problem vorhanden? | j | n | Problem gelöst? | j |

Beschreibung:

_____

_____

_____

_____

_____

_____

_____

_____

_____

Bäume im Nordosten oder Nordosten auf andere Weise blockiert : -8
Nordosten frei von Bäumen oder ähnlichen Hindernissen: 8

Bewertung

108 Schritte - Arbeitsbuch

Schritt 13

Ein Brunnen sollte sich im Nordosten des Grundstücks befinden. Er sollte jedoch nicht direkt auf der Nodost-Südwest-Diagonalen des Grundstück liegen und diese auch nicht berühren.

Problem vorhanden? | j | n | Problem gelöst? | j |

Beschreibung: _____

_____

_____

_____

_____

_____

_____

_____

_____

_____

Brunnen im Nordosten des Grundstücks richtig plaziert: 8
Brunnen auf Diagonalen: -8
Brunnen im Norden oder Osten: 4
Brunnen im Südwesten: -8
Brunnen im Süden oder Westen: -4

Bewertung

Der Nordosten des Grundstücks

Schritt 14

In welcher Richtung fließt auf Ihrem Grundstück das Wasser ab? Versuchen Sie die Abwasserleitungen und das Gefälle Ihres Grundstücks auf solche Art und Weise zu gestalten, daß das Wasser in Richtung Norden oder Osten abfließt. Idealerweise fließt es in Richtung Nordosten ab.

Problem vorhanden? | j | n | Problem gelöst? | j |

Beschreibung: _____

_____

_____

_____

_____

_____

_____

_____

_____

Wasser fließt auf dem Grundstück Richtung Nordosten ab: 8
Wasser fließt Richtung Norden oder Osten ab: 6
Wasser fließt Richtung Westen oder Süden ab: -4
Wasser fließt Richtung Südwesten ab: -8

Bewertung

Schritt 15

Das Grundstück sollte am besten einen Gradienten besitzen, der aus dem Westen in Richtung Osten und aus dem Süden in Richtung Norden abfällt. Falls ein solches Gefälle nicht vorhanden ist, kann man versuchen, es durch Verschiebungen des Erdbodens zu schaffen.

Problem vorhanden? | j | n | Problem gelöst? | j |

Beschreibung: _____

_____

_____

_____

_____

_____

_____

_____

_____

Der Westen liegt höher als der Osten: 8
Der Süden liegt höher als der Norden: 8
Der Osten liegt höher als der Westen: -8
Der Norden liegt höher als der Süden: -8
Die Mitte bildet den höchsten Punkt: 4
Im Zentrum ist eine Senke: -8

Bewertung

Der Nordosten des Grundstücks

Schritt 16

Überprüfen Sie, ob aus dem Nordosten Wasser vom Grundstück des Nachbarn auf Ihr Grundstück fließt. Ist dies der Fall, sollten Sie untersuchen, ob sich dieser Umstand abwenden läßt. Die Erfahrung hat gezeigt, daß häufig durch Wasser bedingte Schwierigkeiten (Rohrbrüche, Überschwemmungen usw.) auftreten, wenn diese Prinzipien mißachtet werden.

Problem vorhanden? | j | n | Problem gelöst? | j |

Beschreibung: _____

_____

_____

_____

_____

_____

_____

_____

_____

Wasser fließt aus dem Nordosten auf das Grundstück: -4
Schmutzwasser fließt aus dem Nordosten auf das Grundstück: -8

Bewertung

108 Schritte - Arbeitsbuch

Schritt 17

Achten Sie bitte darauf, daß sich im Nordosten Ihres Grundstücks kein Schmutzwasser oder Abwasser befindet. Wenn es möglich ist, sollten Sie dort mit reinem Wasser arbeiten, indem Sie einen kleinen Teich einrichten oder eine Wassertonne aufstellen. Arrangierungen, die das Trinkwasser betreffen, wie z.B. ein Brunnen, sind im Nordosten gut plaziert.

Problem vorhanden? | j | n | Problem gelöst? | j |

Beschreibung: _____

_____

_____

_____

_____

_____

_____

_____

_____

_____

Sauberes Wasser im Nordosten: 8
Schmutzwasser im Nordosten: -8

Bewertung

Der Nordosten des Grundstücks

Schritt 18

Versuchen Sie, die Energien des Nordostens wahrzunehmen, indem Sie sich dort aufhalten und Ihre Gefühle und Eindrücke beobachten, die dort entstehen. Spüren Sie einen Unterschied zu den anderen Bereichen Ihres Grundstücks? Der Nordosten ist mit dem energetischen Nullpunkt des Vastu zu vergleichen. Ihm entspricht das Element Äther, das von äußerst feinstofflicher Natur ist. Die Energien des Nordostens tun Ihnen sehr gut, wenn dieser richtig gestaltet und offen ist.

Problem vorhanden? | j | n | Problem gelöst? | j |

Beschreibung: _____

_____

_____

_____

_____

_____

_____

Sie nehmen die feinstofflichen Energien des Nordostens als positiv wahr: 8
Die Energien des Nordostens wirken eher negativ auf Sie: -8

Bewertung

Der Südwesten des Grundstücks

Schritt 19

Betrachten Sie daraufhin den auf der Diagonalen gegenüberliegenden Bereich des Südwestens. Er sollte ein möglichst schweres Gegengewicht zum Nordosten bilden und alle schweren Dinge, Konstruktionen, Geräteschuppen usw. beherbergen. Er eignet sich auch als Platz für den Müll.

Problem vorhanden? j n   Problem gelöst? j
Beschreibung: _____

_____
_____
_____
_____
_____
_____
_____

Südwesten des Grundstücks schwer gestaltet: 8
Südwesten des Grundstücks eher leicht und frei: -8

Bewertung

Der Südwesten des Grundstücks

Schritt 20

Versuchen Sie, den Südwesten möglichst so zu gestalten, daß er den höchsten Punkt auf ihrem Grundstück bildet. Hohe Bäume, die dem Haus und Grundstück Schatten spenden, sind sehr gut, doch auch hohe Masten oder Fahnenstangen können vorrangig im Südwesten plaziert werden.

Problem vorhanden? j n   Problem gelöst? j

Beschreibung: _____

_____

_____

_____

_____

_____

_____

_____

Im Südwesten liegen die höchsten Objekte: 8
Nordosten höher als Südwesten: -8
Norden und Osten höher: -6
Südosten oder Nordwesten höher: -4
Süden und Westen höher: -2   (max. +/-8)

Bewertung

Schritt 21

Haben Sie den Eindruck, daß im Südwesten negative Einflüsse in ihr Grundstück Einlaß finden? Wenn ja, sollten Sie versuchen, diesen Einhalt zu gebieten. Erfahrene Geomanten werden Ihnen Ratschläge geben können, wie sie die Energien des Südwestens ins Positive umkehren können.

Hierbei kann man mit Steinen arbeiten, die verschiedene glückverheißende Symbole tragen, jedoch auch mit kleinen schweren Pavillons, in denen schützende Wesen plaziert werden.

Sie können dort einen kleinen Pavillon oder Altar errichten, in dem Sie Garuda aufstellen oder ein Yantra installieren (siehe Hauptbuch). Garuda hält negative Einflüsse und Wesen fern.

Problem vorhanden? | j | n | Problem gelöst? | j |

Beschreibung: _____

_____

_____

_____

_____

_____

_____

Negative Einflüsse im Südwesten spürbar: -8
Pavillon mit Garuda, Yantra oder geomantische Arrangierung im Südwesten: 8

Bewertung

Der Südwesten des Grundstücks

Schritt 22

Ein generelles Prinzip besteht darin, den Südwesten möglichst geschlossen zu halten. Sie können im Südwesten direkt an die Grundstücksbegrenzung heran bauen, was für keine andere Himmelsrichtung empfohlen wird. Die Begrenzungsmauern oder -zäune des Grundstücks sollten im Südwesten am stärksten und höchsten sein.

Problem vorhanden? | j | n | Problem gelöst? | j |

Beschreibung: _____

_____
_____
_____
_____
_____
_____
_____
_____
_____
_____

Südwesten sehr offen: -8
Südwesten geschlossen und stark: 8

Bewertung

Schritt 23

Kohlen repräsentieren die Planeten Saturn und Rahu und sollten vor allem im Südwesten und Westen gelagert werden. Unter keinen Umständen gehören sie in den Osten und Nordosten. Auch der Norden ist kein idealer Platz für Kohlen. Der Süden ist ebenfalls kein geeigneter Ort für Kohlen, da er von dem Planeten Mars beherrscht wird.

Problem vorhanden? | j | n | Problem gelöst? | j |

Beschreibung: _____

_____

_____

_____

_____

_____

_____

_____

Kohlen im Südwesten: 8
Kohlen im Westen: 6
Kohlen im Osten: -6
Kohlen im Nordosten: -8
Kohlen im Norden oder Süden: -4
Kohlen im Südosten oder Nordwesten: 2

Bewertung

Der Südwesten des Grundstücks

Schritt 24

Baumaterialien sollten im Südwesten oder im Nordwesten gelagert werden, um den optimalen Fortgang des Bauvorhabens zu gewährleisten.

Problem vorhanden? [j] [n]   Problem gelöst? [j]

Beschreibung: _____

_____

_____

_____

_____

_____

_____

_____

_____

_____

Baumaterialien im Nordwesten oder Südwesten: 8
Baumaterialien in anderen Richtungen: -4

[ ] [ ] Bewertung

Schritt 25

Fehler, die im Nordosten auftreten, können durch ein entsprechendes Gegengewicht im Südwesten ausgeglichen werden und umgekehrt. Kritisch wird es erst, wenn in beiden Richtungen Defekte bestehen, die einander ergänzen und zu einer Störung des energetischen Gleichgewichts auf dieser wichtigen Hauptachse des Grundstücks führen. Achten Sie auf dieses harmonische Gleichgewicht zwischen Nordost und Südwest.

Problem vorhanden? j n   Problem gelöst? j

Beschreibung:

___

Defekte des Nordostens werden durch Defekte im Südwesten verstärkt (oder umgekehrt): -8
Der Südwesten gleicht Schwächen im Nordosten aus (oder umgekehrt): 8

Bewertung

Der Südwesten des Grundstücks

Schritt 26

Auf der Nordost-Südwest-Achse fließt die Lebensenergie und konzentriert sich in sechs Chakren. Versuchen Sie, mit Hilfe erfahrener Geomanten oder am besten durch ihre eigene Wahrnehmung, diese Energiezentren auf Ihrem Grundstück zu identifizieren.

Zeichnen Sie diese Orte in den Plan Ihres Grundstücks ein und verdeutlichen Sie sich so die Energetik des Raums. Sind all diese Energiezentren aktiv und offen, so daß die Energien auf Ihrem Grundstück ausgewogen und stark sind? Wenn es Ihnen möglich ist, können Sie diese Frage mit Hilfe eines Pendels oder anderer Hilfsmittel entscheiden. Sollten die Energien dieser Punkte blockiert bzw. gestört sein, so können Sie mit Hilfe von Yantras oder Mandalas arbeiten, die diese Energien korrigieren. Yantras bzw. Mandalas sind geometrische Werkzeuge, die als Symbole im energetischen Bereich sehr wirksam sind. Im Hauptbuch finden Sie nähere Informationen zu diesem Thema. Ziehen Sie für solche Korrekturen einen Fachmann zu Rate, falls Sie sich selbst nicht sicher sind.

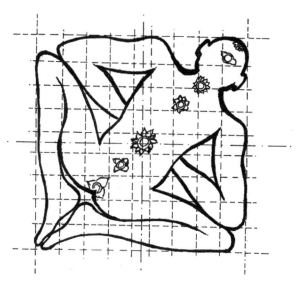

Abbildung 14: Chakren des Vastu-Energiefeldes

108 Schritte - Arbeitsbuch

Problem vorhanden? | j | | n | Problem gelöst? | j |

Beschreibung: _____

_____
_____
_____
_____
_____
_____
_____
_____
_____
_____
_____
_____
_____
_____
_____

Sie identifizieren die Energiezentren und finden Blockaden: -8
Sie identifizieren die Energiezentren und finden dort starke Energien vor: 8
Sie können keine Energiezentren identifizieren: 0

Bewertung

Der Südwesten des Grundstücks

Schritt 27

Im Südwesten sollte sich kein Wasser befinden. Achten Sie drauf, daß Mauerwerk und Gebäude im Südwesten trocken sind und die Mauern dort keine Defekte aufweisen. Wasser in dieser Richtung sollte möglichst vermieden werden.

Problem vorhanden? | j | n | Problem gelöst? | j |

Beschreibung: _____

_____
_____
_____
_____
_____
_____
_____
_____
_____

Südwesten trocken: 8
Südwesten feucht oder Wasser im Südwesten: -8

Bewertung

Die Nordwest-Südost -Achse des Grundstücks

Schritt 28

Als nächstes betrachten Sie den Südosten Ihres Grundstücks. Gibt es dort Blockaden, die die Energien des Südostens stören? Solche Störungen wirken sich auf die Energetik sehr stark aus, da der Südosten mit dem Element Feuer verbunden ist. Versuchen Sie, alles, was auf ihrem Grundstück mit dem Element Feuer in Zusammenhang steht, in den Südosten zu verlagern. Gelingt es Ihnen nicht, das Element Feuer im Südosten zu vergegenwärtigen, so sollten Sie irgend etwas tun, um das Feuer im Südosten zu stärken. Hierzu können Sie mit roten Blumen arbeiten, mit regelmäßigen Feuern (z.B. Lagerfeuer, Osterfeuer), Feuerzeremonien usw. Sie können auch das Mars-Narasimha-Yantra anwenden, um die Feuerenergie zu stärken.

Problem vorhanden? j n   Problem gelöst? j

Beschreibung: _____

Feuerelement im Südosten präsent: 8
Feuerelement nicht gegenwärtig: -8

Bewertung

Die Nordwest-Südost-Achse des Grundstücks

Schritt 29

Auf der gegenüberliegenden Seite des Grundstücks befindet sich der Nordwesten, der dem Element Luft zugeordnet ist. Er steht für Bewegung und Austausch. Alles Bewegliche gehört in diese Richtung, seien es Fahrräder, Autos oder Tiere.

Problem vorhanden? | j | n | Problem gelöst? | j |

Beschreibung: _____

_____

_____

_____

_____

_____

_____

_____

_____

_____

Bewegliche Dinge wie Fahrzeuge im Nordwesten: 8
Nordwesten mit schweren, unbeweglichen Dingen belastet: -8

Bewertung

Schritt 30

Überprüfen Sie die Dynamik des Luftelements auf Ihrem Grundstück. Haben Sie bzw. andere Bewohner des Hauses Probleme mit Bewegungseinschränkungen oder haben Sie Probleme mit Fahrzeugen? Schwierigkeiten mit Gästen weisen ebenso wie Trägheit im geschäftlichen Bereich auf Probleme mit dem Luftelement hin. Bestehen solche Blockaden, so sollten Sie versuchen, das Luftelement zu aktivieren. Bringen Sie Bewegung in diesen Bereich, praktizieren Sie die Yoga-Übung des *Pranayama*, die eng mit der Dynamik des Luftelements zusammenhängt oder arbeiten Sie mit dem Feuer-Yantra, das die Luftstörungen regulieren kann.

Problem vorhanden? | j | n | Problem gelöst? | j |

Beschreibung:

Probleme mit Luftelement erkennbar: -8
Luftelement kommt gut zur Geltung: 8

Bewertung

Die Nordwest-Südost-Achse des Grundstücks

Schritt 31

Pflanzen Sie im Nordwesten ihres Gartens duftende Blumen und Kräuter, die charakteristische Gerüche aufweisen. Gerüche kommen im Nordwesten durch die starke Präsenz des Luftelements besonders gut zur Geltung.

Problem vorhanden? | j | n | Problem gelöst? | j |

Beschreibung:

Duftende Blumen im Nordwesten: 8
Heilkräuter mit charakteristischen Gerüchen im Nordwesten: 8

Bewertung

Schritt 32

Versuchen Sie, auf dieser Diagonalen des Grundstücks, die von Südosten in Richtung Nordwesten verläuft, ein harmonisches Gleichgewicht zu schaffen, um die Dynamik von Feuer und Luft zu fördern. Feuer braucht Luft, um zu brennen und die Luft bedarf der Energie, um zu bewegen. Blockaden auf dieser Diagonalen wirken sich daher lähmend aus und erzeugen Trägheit und Schwerfälligkeit. Suchen Sie auch hier nach energetisch wirksamen Punkten und markieren Sie diese Punkte auf ihrem Grundstücksplan. Hier kann Ihnen ebenfalls ein Pendel helfen, solche Punkte zu orten und ihre Aktivität zu überprüfen.

Problem vorhanden? | j | n | Problem gelöst? | j |

Beschreibung: _____

_____

_____

_____

_____

_____

Energetische Punkte stark und aktiv: 8
Energetische Punkte schwach und blockiert: -8
Keine energetischen Punkte identifiziert: 0

Bewertung

Energien des Grundstücks

Schritt 33

Haben Sie auf diese Weise die energetisch wirksamen Punkte des Grundstücks gefunden, sollten Sie versuchen, Sie in ihrer Gesamtheit wahrzunehmen. Versuchen Sie, ihre Energien einzeln und in der Wechselwirkung zu erspüren oder mit Hilfsmitteln, wie Pendeln und Wünschelruten, zu bestimmen. Sie können zum Ausgleich der Energien mit Yantras und geomantischen Symbolen arbeiten, die Sie auf dem Grundstücksplan einzeichnen oder auflegen. Hierdurch läßt sich bereits eine große Wirkung erzielen. Sie können jedoch auch, wie der slowenische Geomant Marko Pogacnik, mit Steinen und Symbolen auf dem Grundstück selbst arbeiten, um die energetische Situation zu verändern.

Problem vorhanden? | j | n | Problem gelöst? | j |

Beschreibung: _____

_____

_____

_____

_____

_____

Energiefeld des Grundstücks insgesamt ausgeglichen: 8
Energiefeld des Grundstücks sehr unharmonisch: -8

Bewertung

Schritt 34

Berücksichtigen Sie bei der Bewertung und Planung des Grundstücks und des Hauses auch die naturgegebenen Energien der Erde, des Wassers und des Kosmos. Finden Sie heraus, ob unter ihrem Haus oder auf ihrem Grundstück Wasseradern verlaufen und zeichnen Sie sich auch die genaue Lage der Energielinien des Hartmann-Gitters in den Grundriß ein. Das Hartmann-Gitter besteht aus kosmischen Energien, die parallel zu den magnetischen Himmelsrichtungen wie ein Netz den gesamten Erdball umspannen. Diese Energielinien liegen in einem Abstand von 2,45 m bzw. 1,95 m in Richtung Ost-West bzw. Nord-Süd.

Die Punkte, an denen sich zwei Hartmann-Linien oder zwei Wasseradern kreuzen, sind für den Menschen und seine Gesundheit gefährlich. Auch die Kreuzungspunkte zwischen Wasseradern und Hartmann-Linien stellen eine energetische Gefahr dar. Schläft oder arbeitet ein Mensch für mehrere Jahre auf einem solchen Punkt, können schwerwiegende chronische Krankheiten die Folge sein. Da die meisten Menschen für solche Punkte nicht sensibel sind, sind diese besonders gefährlich und können auf schleichende Art und Weise selbst Krebs verursachen.

Problem vorhanden? | j | n | Problem gelöst? | j |

Beschreibung: _____

_____

_____

Hartmann-Gitter und Wasseradern berücksichtigt: je 8
Hartmann oder Wasseradern nicht berücksichtigt: je –8

Bewertung

Energien des Grundstücks

Schritt 35

Der Schatten eines Tempels oder einer Kirche sollte nicht auf das Haus fallen. Ist dies der Fall, so sollten Sie Bäume zwischen Haus und Kirche pflanzen.

Problem vorhanden? | j | n | Problem gelöst? | j |

Beschreibung: _____

_____

_____

_____

_____

_____

_____

_____

_____

_____

Schatten von Kirche oder Tempel auf Haus: -8

Bewertung

Eingänge zu Haus und Grundstück

Schritt 36

In welcher Richtung befindet sich der Haupteingang Ihres Grundstücks? Befindet er sich in einem der in den folgenden Diagrammen empfohlenen Bereiche? Wenn nicht, sollten Sie überprüfen, ob sich die Zufahrt zu Ihrem Grundstück bzw. der Hauptzugang verlegen lassen. Insbesondere ein Haupteingang im Süden kann Probleme verursachen, wenn ein solcher Umstand durch zusätzliche Defekte verstärkt wird.

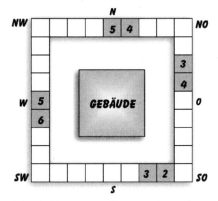

Abbildung 17: Die richtigen Orte für den Haupteingang im Parallelfall

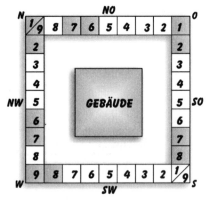

Abbildung 18: Die richtigen Orte für den Haupteingang im Diagonalfall

Eingänge zu Haus und Grundstück

Problem vorhanden? [j] [n]   Problem gelöst? [j]

Beschreibung: _____

_____
_____
_____
_____
_____
_____
_____
_____
_____
_____
_____
_____

Haupteingang im Osten: 8
Haupteingang im Norden: 6
Haupteingang im Westen: 4
Haupteingang im Süden: -4
Haupteingang entsprechend Diagramm: 8
Haupteingang nicht entsprechend Diagramm: -8

[ ] [ ] Bewertung

Schritt 37

Überprüfen Sie mit Hilfe des vorigen Diagramms die Lage des Haupteingangs Ihres Gebäudes.

Problem vorhanden? j n   Problem gelöst? j

Beschreibung: _____

_____

_____

_____

_____

_____

_____

_____

_____

_____

Haupteingang im Osten: 8
Haupteingang im Norden: 6
Haupteingang im Westen: 4
Haupteingang im Süden: -4
Haupteingang entsprechend Diagramm: 8
Haupteingang nicht entsprechend Diagramm: -8

Bewertung

Eingänge zu Haus und Grundstück

Schritt 38

Wenn sich der Haupteingang im Süden befindet, so besitzt man die zusätzlichen Korrekturmöglichkeiten, entweder einen Eisennagel in die Tür einzuschlagen oder einen Gegenstand aus Silber an der Tür anzubringen.

Befindet sich der Haupteingang im Westen, so können Sie ein schwarzes Hufeisen über der Tür anbringen. Diese traditionell überlieferten Maßnahmen helfen, den sonst möglichen negativen Einflüssen entgegenzuwirken.

Problem vorhanden? j n   Problem gelöst? j

Beschreibung:

Eingangstür im Süden, aber korrigiert: 8
Eingangstür im Westen, aber korrigiert: 6

Bewertung

Schritt 39

Das Haupttor zum Grundstück sollte möglichst solide sein und keine größeren Öffnungen besitzen. Ein Tor, das aus einem Gitter besteht, ist daher nicht so gut geeignet, weil es keinen ausreichenden Schutz gegen eindringende negative Energien bietet.

Problem vorhanden? | j | n | Problem gelöst? | j |

Beschreibung: _____

_____

_____

_____

_____

_____

_____

_____

_____

_____

Das Haupttor zum Grundstück ist solide: 8
Es gibt kein Tor; der Zugang ist ganz offen: -8
Das Haupttor ist nicht solide: -4

Bewertung

Eingänge zu Haus und Grundstück

Schritt 40

Blumen vor dem Eingang sollten je nach der Himmelsrichtung unterschiedliche Farben besitzen: Blumen im Osten sind am besten weiß, im Süden orange oder rot, im Westen blau oder lila und im Norden gelb oder bunt.

Problem vorhanden? | j | n | Problem gelöst? | j |

Beschreibung: _____

_____

_____

_____

_____

_____

_____

_____

_____

_____

Die Farben der Blumen sind den Himmelsrichtungen entsprechend gewählt: 8

Bewertung

Schritt 41

Was befindet sich vor dem Haupteingang Ihres Hauses bzw. Ihres Grundstücks? Liegt dort Müll, stehen dort Mülltonnen, befindet sich dort ein baufälliges Haus oder steht dort ein hoher Pfeiler oder Mast? All diese Dinge stellen Hindernisse vor dem Haupteingang dar und erzeugen energetische Blockaden bzw. beeinflussen die Bewohner des Hauses negativ. Sie sollten versuchen, diese Hindernisse vor dem Haupteingang zu entfernen.

Problem vorhanden? j n   Problem gelöst? j

Beschreibung: _____

_____
_____
_____
_____
_____
_____

Hindernisse vor dem Haupteingang des Grundstücks: -8
Keine Hindernisse vor dem Haupteingang des Grundstücks: 8
Hindernisse vor dem Haupteingang des Hauses: -8
Keine Hindernisse vor dem Haupteingang des Hauses: 8

Bewertung

Eingänge zu Haus und Grundstück

Schritt 42

Das Narasimha-Yantra weist negative Einflüsse ab und kann über dem Haupteingang Ihres Grundstücks bzw. des Hauses aufgehängt werden. Auf diese Weise können Sie Disharmonien, welche durch einen fehlplazierten Eingang verursacht werden, neutralisieren.

Problem vorhanden? | j | n | Problem gelöst? | j |

Beschreibung: _____

_____

_____

_____

_____

_____

_____

_____

_____

_____

_____

Yantra mit spürbar positiver Wirkung aufgehängt: 8

Bewertung

Schritt 43

Ist die Eingangshalle Ihres Hauses zu dunkel? In diesem Fall sollten Sie versuchen, Sie mit mehr Licht und positiver Energie zu füllen. Es ist sehr vorteilhaft, dort glückverheißende spirituelle Bilder aufzuhängen.

Problem vorhanden? | j | n | Problem gelöst? | j |

Beschreibung: _____

_____
_____
_____
_____
_____
_____
_____
_____
_____

Eingangshalle zu dunkel: -8
Eingangshalle hell: 8
Bilder mit glückverheißenden Motiven: 2
Bilder mit spirituellen Motiven: 4

Bewertung

Eingänge zu Haus und Grundstück

Schritt 44

Die Tür des Haupteingangs sollte sich nach innen öffnen lassen und die Klinke sollte sich auf der linken Seite befinden (von innen betrachtet).

Problem vorhanden? j   n   Problem gelöst? j

Beschreibung:

Tür läßt sich nach innen öffnen: 4
Klinke auf der linken Seite: 4

Bewertung

Schritt 45

Der Haupteingang des Hauses sollte größer sein als alle anderen Eingänge bzw. Ausgänge. Er sollte sich schon optisch als der wichtigste Eingang herausheben. Im Vastu ist es üblich, die Eingangstür mit glückverheißenden Zeichen zu verzieren.

Problem vorhanden? [j] [n]   Problem gelöst? [j]

Beschreibung: _____

_____
_____
_____
_____
_____
_____
_____
_____
_____

> Haupteingang ist größer als die anderen Eingänge: 8
> Haupteingang ist kleiner als Nebeneingänge: -8

[ ] [ ] Bewertung

Eingänge zu Haus und Grundstück

Schritt 46

Ist der Eingangsbereich Ihres Hauses direkt mit der Küche verbunden, so sollten Sie versuchen, diese Verbindung zu schließen. Die Küche sollte ein privater Bereich und nicht für jeden Besucher zugänglich bzw. zu sehen sein.

Problem vorhanden? | j | n | Problem gelöst? | j |

Beschreibung:

Eingangsbereich mit Küche verbunden: -8
Küche im privaten Bereich: 8

Bewertung

Schritt 47

Eine Tür sollte sich ohne Geräusche öffnen und schließen lassen. Von der Haustür aus sollte der zentrale Bereich des Hauses nicht sichtbar sein. Es ist vorteilhaft, in der Nähe des Hauseingangs ein Glas mit Wasser aufzustellen.

Problem vorhanden? | j | n | Problem gelöst? | j |

Beschreibung: _____

_____
_____
_____
_____
_____
_____
_____
_____
_____

Eine Tür macht Geräusche beim Öffnen oder Schließen: -2 pro Tür (max. −8)
Zentraler Bereich des Hauses von Haupteingang aus sichtbar: -4
Glas mit Wasser Nähe Haupteingang aufgestellt: 4

Bewertung

Die Himmelsrichtungen im Gebäude

Schritt 48

Es gibt einfache Methoden, mit deren Hilfe Sie herausfinden können, welche Himmelsrichtung im Haus für Sie zum Wohnen besonders geeignet sind, und welche Sie besser vermeiden sollten. Es ist ratsam, solche Kriterien bei der Auswahl der persönlichen Schlaf-, Arbeits- und Wohnräume heranzuziehen. Im Hauptbuch finden Sie eine Anleitung, wie Sie Ihre *eigene Richtung* bestimmen können.

Führen Sie diese Berechnungen durch und notieren Sie hier Ihre Ergebnisse. Im weiteren Verlauf dieses Programms können Sie immer wieder darauf zurückgreifen.

Problem vorhanden? | j | n | Problem gelöst? | j |

Beschreibung:
_____
_____
_____
_____
_____
_____

Sie haben Ihre bevorzugten Richtungen bestimmt und werden diese Informationen bei den folgenden Schritten berücksichtigen: 8 (-8 falls nicht)

Bewertung

Der Nordosten

Schritt 49

Betrachten Sie den Nordosten Ihres Hauses. Befindet sich dort Müll oder werden dort schwere Dinge gelagert? Der Nordosten sollte sauber, ordentlich und so frei wie möglich gestaltet werden. Entfernen Sie alles aus dem Nordosten, was diesem Prinzip widerspricht. Bringen Sie die schweren Gegenstände in den Südwesten. Diesen Bereich sollten Sie immer so rein wie möglich halten.

Problem vorhanden? j n   Problem gelöst? j

Beschreibung: _____

_____

_____

_____

_____

_____

_____

_____

Nordosten der Hauses sauber, frei und leicht: 8
Nordosten schwer, unsauber oder geschlossen: -8

Bewertung

Die Himmelsrichtungen im Gebäude

Schritt 50

Versuchen Sie, die Räume, die sich im Nordosten befinden, möglichst für anspruchsvolle Tätigkeiten zu nutzen, die nicht zu viel Bewegung oder Hektik mit sich bringen. Am besten richten Sie dort einen Ort zur Entspannung, zur Meditation, zum Lesen oder zum Gebet ein.

Problem vorhanden? | j | n | Problem gelöst? | j |

Beschreibung:

___

Raum zur Meditation oder Entspannung im Nordosten: 8
Nordosten eher vernachlässigt oder hektisch: -8

Bewertung

Schritt 51

Vor allem der nordöstliche Bereich des Nordostens des Hauses sollte nicht von Möbeln verstellt werden. Versuchen Sie sich, diesen Bereich zu erschließen und ihn zu nutzen.

Problem vorhanden? j n   Problem gelöst? j

Beschreibung: _____

_____

_____

_____

_____

_____

_____

_____

_____

_____

_____

Nordosten des Nordostens frei und leicht: 8
Nordosten des Nordostens schwer oder verstellt: -8

Bewertung

Die Himmelsrichtungen im Gebäude

Schritt 52

Schwere Gegenstände oder Möbel, die im Norden oder Osten plaziert werden müssen (auch im Nordosten), sollten nicht die nördliche oder östliche Wand berühren, sondern mindestens einen Abstand von 9 cm zu ihnen haben.

Problem vorhanden? | j | n | Problem gelöst? | j |

Beschreibung: _____

_____

_____

_____

_____

_____

_____

_____

_____

_____

Schwer Gegenstände berühren die Wände im Norden oder Osten: -1 pro Gegenstand   (max. −8)
Wände im Norden und Osten weitestgehend frei: 8

Bewertung

Schritt 53

Sie können den Nordosten nutzen, um dort Medikamente oder Kräuter aufzubewahren. Diese entfalten dort ihre beste Wirkung.

Problem vorhanden? | j | n | Problem gelöst? | j |

Beschreibung: _____

_____
_____
_____
_____
_____
_____
_____
_____
_____
_____
_____
_____

Medikamente im Nordosten: 8
Medikamente im Südwesten oder Süden: -4
Medikamente im Osten oder Norden: 4

Bewertung

Die Himmelsrichtungen im Gebäude

Schritt 54

Im Nordosten aller Räume sollten weder Schuhe noch schmutzige Kleider, Putzmittel, Besen oder ähnliches gelagert werden.

Problem vorhanden? | j | n | Problem gelöst? | j |

Beschreibung: _____

_____

_____

_____

_____

_____

_____

_____

_____

_____

_____

Schuhe, Putzmittel oder schmutzige Kleider im Nordosten: -8
Solche Gegenstände vor allem im Südwesten: 8

Bewertung

Schritt 55

Wenden Sie diese Prinzipien für jeden einzelnen Raum des Hauses an.

Problem vorhanden? | j | n | Problem gelöst? | j |

Beschreibung: _____

_____
_____
_____
_____
_____
_____
_____
_____
_____
_____

Nordosten in den Räumen in Ordnung: 1 pro Raum
Nordosten nicht in Ordnung: -1 pro Raum
(maximal +/- 8)

Bewertung

Die Himmelsrichtungen im Gebäude

Schritt 56

Fehlern, die im Nordosten des Hauses auftreten und nicht korrigiert werden können, sollte man mit Hilfe eines Jupiter-Yantras entgegenwirken. Dieses Yantra sollte dort angebracht werden, wo der spezifische Fehler besteht. Betrifft der Fehler einen bestimmten Raum, so kann das Yantra über dessen Tür aufgehängt werden. Betrifft er ein Fenster, so sollte es im Fenster angebracht werden usw. Das Jupiter-Yantra finden Sie im Hauptbuch in dem Kapitel *Yantras für die neun Planeten*.

Eine weitere Möglichkeit, um Problemen entgegenzuwirken, deren Ursache in einem fehlerhaften Nordosten liegt, besteht darin, donnerstags bis zum Abend zu fasten. (Liste mit Fehlern im Nordosten siehe Hauptbuch)

Problem vorhanden? | j | n | Problem gelöst? | j |

Beschreibung:
_____
_____
_____
_____
_____
_____

Fehler im Nordosten vorhanden: -8
Fehler mit Hilfe eines Jupiter-Yantras neutralisiert: 4

Bewertung

Der Südwesten

Schritt 57

Betrachten sie nun den Bereich, der dem Nordosten auf der Diagonalen gegenüber liegt. Falls Sie im Nordosten Ihres Hauses einen Defekt vorgefunden haben, den Sie nicht einfach korrigieren konnten, so sollten Sie sehr großen Wert darauf legen, im Südwesten, den folgenden Schritten entsprechend, ein positives Gegengewicht dazu zu schaffen. Hierdurch können Sie in vielen Fällen vermeiden, daß sich der Fehler im Nordosten auswirkt.

Problem vorhanden? | j | n | Problem gelöst? | j |

Beschreibung: _____

_____

_____

_____

_____

_____

_____

_____

_____

_____

_____

Die Himmelsrichtungen im Gebäude

Schritt 58

Wie ist der Südwesten Ihres Hauses gestaltet? Versuchen Sie, den Südwesten möglichst geschlossen zu halten, da dort negative Energien in das Haus Einlaß finden könnten. Im Südwesten des südwestlichsten Raumes sollten möglichst schwere Gegenstände oder Möbel aufgestellt werden. Ideal wäre ein Abstellraum oder ein Lager.

Problem vorhanden? | j | n | Problem gelöst? | j |

Beschreibung:

___

Südwesten ist schwer und geschlossen: 8
Südwesten ist offen oder leicht: -8
Im Südwesten des Südwestens stehen schwere Dinge: 4
Der Südwesten des Südwestens ist zu leicht: -4
Abstellraum oder Lager im Südwesten: 8

Bewertung

Schritt 59

Im Südwesten des Hauses sollten möglichst keine Aktivitäten ausgeführt werden, die viel Veränderung und Bewegung mit sich bringen. Solche Tätigkeiten verlagert man idealerweise in den Nordwesten. Kinder sollten dort ebenfalls nicht schlafen oder wohnen. Ihnen sollte der Westen zukommen.

Problem vorhanden? | j | n   Problem gelöst? | j |

Beschreibung: _____

_____
_____
_____
_____
_____
_____
_____
_____
_____

Zu viel Bewegung im Südwesten: -4
Kinder im Südwesten: -8
Kinder im Westen: 8

Bewertung

Die Himmelsrichtungen im Gebäude

Schritt 60

Wenn Sie Bilder von Vorfahren oder bedeutenden Persönlichkeiten aufhängen möchten, geschieht dies am besten im Südwesten des Hauses bzw. der Zimmer.

Problem vorhanden? | j | n | Problem gelöst? | j |

Beschreibung: _____

_____

_____

_____

_____

_____

_____

_____

_____

_____

Bilder von Vorfahren im Südwesten: 8
Bilder von Vorfahren im Nordosten: -8

Bewertung

Schritt 61

Überprüfen Sie alle Räume Ihres Hauses auf die Verteilung des Gewichts der Möbelstücke. Versuchen Sie, den Schwerpunkt möglichst weit in Richtung Südwesten zu verlegen. Der Südwesten sollte maximal beschwert werden und der Nordosten sollte leicht und frei sein.

Problem vorhanden? | j | n | Problem gelöst? | j |

Beschreibung: _____

_____
_____
_____
_____
_____
_____
_____
_____

Schwerpunkt der Räume in Richtung Südwesten: pro Raum 1
Schwerpunkt der Räume in Richtung Nordosten: pro Raum −1
(maximal +/−8)

Bewertung

Die Himmelsrichtungen im Gebäude

Schritt 62

Achten Sie darauf, daß sich im Südwesten des Hauses und auch im Südwesten der einzelnen Räume möglichst kein Wasser befindet. Dafür sollte sich in Räumen wie einem Studierzimmer, dem Wohnzimmer, der Speisekammer usw. im Nordosten ein Behälter mit frischem Trinkwasser befinden.

Problem vorhanden? | j | n | Problem gelöst? | j |

Beschreibung:

___

Wasser im Südwesten der Räume: pro Raum −2
Wasser im Nordosten der Räume: pro Raum 2
Wasser im Südwesten des Hauses: -8
Südwesten des Hauses trocken: 8
(maximal +/-16)

Bewertung

Schritt 63

Im Südwesten sollten die Ecken in einem Winkel von 90° konstruiert sein. In einigen Fällen ist es notwendig, die Mauern im Südwesten zu korrigieren, wenn Sie diesem Prinzip widersprechen.

Problem vorhanden? | j | n | Problem gelöst? | j |

Beschreibung: _____

_____

_____

_____

_____

_____

_____

_____

_____

_____

_____

Rechter Winkel im Südwesten: 8 Punkte
Kein rechter Winkel im Südwesten: -8 Punkte

Bewertung

Die Himmelsrichtungen im Gebäude

Schritt 64

Prüfen Sie den Zustand der Wände und des Mauerwerks insbesondere im Südwesten. Ist dieser im Südwesten mangelhaft, sind negative feinstoffliche Einflüsse zu erwarten. Der Südwesten sollte immer stark und intakt sein, um diesen Einflüssen keine Angriffsfläche zu bieten.

Problem vorhanden? | j | n | Problem gelöst? | j |

Beschreibung:

Mauerwerk im Südwesten stark und ohne Zerfallserscheinungen: 8
Risse oder Schäden im Südwesten: -8

Bewertung

73

Schritt 65

Führen Sie diese Schritte für alle Räume des Hauses durch. Auf diese Weise sollten Sie den Südwesten in allen Räumen mit großer Sorgsamkeit behandeln.

Problem vorhanden? j n   Problem gelöst? j

Beschreibung: _____

_____

_____

_____

_____

_____

_____

_____

_____

Südwesten entsprechend der genannten Prinzipien:
pro Raum 1
Südwesten nicht entsprechend der genannten Prinzipien:
pro Raum −1
(maximal +/− 8)

Bewertung

Die Himmelsrichtungen im Gebäude

Schritt 66

Fehlern, die im Südwesten des Hauses auftreten und nicht korrigiert werden können, sollte man mit Hilfe eines Rahu-Yantras entgegenwirken. Dieses Yantra sollte dort angebracht werden, wo der spezifische Fehler besteht. Betrifft der Fehler einen bestimmten Raum, so kann das Yantra über dessen Tür aufgehängt werden. Betrifft er ein Fenster, so sollte es im Fenster angebracht werden usw. Das Rahu-Yantra finden Sie im Hauptbuch in dem Kapitel *Yantras für die neun Planeten*.

Eine weitere Möglichkeit, um Problemen entgegenzuwirken, deren Ursache in einem fehlerhaften Südwesten liegt, besteht darin, am Haupttor oder am Haupteingang eine graue oder vielfarbige Statue von Ganesha aufzustellen. Falls Sie keine Statue von Ganesha bekommen können, hilft auch ein Bild. (Liste mit Fehlern im Südwesten siehe Hauptbuch)

Problem vorhanden? | j | n | Problem gelöst? | j |

Beschreibung:

_____

_____

_____

_____

_____

Fehler im Südwesten vorhanden: -8
Fehler mit Hilfe eines Rahu-Yantras neutralisiert: 4

Bewertung

Das Zentrum

Schritt 67

Betrachten Sie die Mitte Ihres Hauses. Sie liegt zwischen den beiden Polen Nordost und Südwest und bildet das energetische Zentrum des Hauses. Diesen Teil sollten Sie möglichst frei gestalten. Er sollte nicht mit Möbeln oder anderen schweren Dingen verstellt, sondern als ein Raum gestaltet werden, den man für entspannte Tätigkeiten aufsucht. Er sollte möglichst hell gestaltet und mit ausreichender Luftzirkulation versorgt werden. Die idealen Farben zur Gestaltung des Zentrums sind gelb oder weiß. Können Sie in Ihrem Haus einen solchen Ort im Zentrum schaffen, den Sie gerne aufsuchen, um energetisch aufzutanken?

Problem vorhanden? j n   Problem gelöst? j

Beschreibung: _____

_____

_____

Mitte des Hauses nach oben hin offen: 8
Mitte des Hauses frei und nutzbar: 8
Mitte des Hauses verbaut: -8
Mitte des Hauses hell: 8
Mitte des Hauses dunkel: -8
Yantra oder ein ähnlicher Energiefokus im Zentrum des Hauses: 4
Kein energetisches Zentrum in der Mitte des Hauses: -4

Bewertung

Die Himmelsrichtungen im Gebäude

Schritt 68

Versuchen Sie, in jedem Raum ein solches energetisches Zentrum zu schaffen, das die Energien des Nordostens und Südwestens zum Ausgleich bringt. Sie können dort ein Yantra auf dem Boden anbringen, das die Energien des Raumes zentriert. Auch sollten Sie es vermeiden, Lampen genau im Zentrum der Räume aufzuhängen. Sie sollten etwas in Richtung Westen versetzt werden.

Problem vorhanden? [j] [n]   Problem gelöst? [j]

Beschreibung:

_____

_____

_____

_____

_____

_____

_____

_____

_____

Die Räume haben ein freies energetisches Zentrum: 2 pro Raum
Die Räume haben kein freies energetisches Zentrum: -2 pro Raum
Lampe im Zentrum des Raumes: -1 pro Raum
(maximal +/-8)

[ ] [ ] Bewertung

Der Südosten

Schritt 69

Betrachten Sie den Südosten Ihres Hauses. In diesem Bereich ist das Element Feuer vorherrschend. Sie sollten so viel Dinge wie möglich im Südosten plazieren, die mit dem Element Feuer in Zusammenhang stehen. Hierzu gehören die Heizung, die Küche, elektrische Geräte im allgemeinen usw.

Problem vorhanden? | j | n | Problem gelöst? | j |

Beschreibung: _____

_____

_____

_____

_____

Heizung ist im Südosten: 8
Heizung im Nordosten: -4
Heizung im Westen, Nordwesten, Südwesten oder Norden: -2
Heizung im Süden oder Osten: 2
Große elektrische Geräte sind im Südosten des Hauses:
2 pro Gerät
Große elektrische Geräte im Nordosten des Hauses: -2 pro Gerät
Viel Wasser im Südosten des Hauses: -4
(maximal +/-16)

Bewertung

Die Himmelsrichtungen im Gebäude

Schritt 70

Betrachten Sie nun die einzelnen Räume Ihres Hauses. In jedem einzelnen Raum können Sie Veränderungen vornehmen, so daß dem Element Feuer im Südosten sein Platz zugewiesen wird. Sie sollten darauf achten, daß sich in dieser Richtung möglichst kein Wasser befindet. Falls im Südosten eines bestimmten Raumes nichts plaziert werden kann, das auf dem Element Feuer basiert, können Sie dort einfach eine Kerze hinstellen, die sie hin und wieder anzünden.

Problem vorhanden? | j | n | Problem gelöst? | j |

Beschreibung:
_____
_____
_____
_____
_____
_____
_____
_____

Im Südosten der Räume kommt das Feuerelement zur Geltung: 1 pro Raum
Im Südosten de Räume kommt das Feuerelement nicht zur Geltung: -1 pro Raum
(maximal +/-8)

Bewertung

79

Schritt 71

Fehlern, die im Südosten des Hauses auftreten und nicht korrigiert werden können, sollte man mit Hilfe eines Venus-Yantras entgegenwirken. Dieses Yantra sollte dort angebracht werden, wo der spezifische Fehler besteht. Betrifft der Fehler einen bestimmten Raum, so kann das Yantra über dessen Tür aufgehängt werden. Betrifft er ein Fenster, so sollte es im Fenster angebracht werden usw. Das Venus-Yantra finden Sie im Hauptbuch in dem Kapitel *Yantras für die neun Planeten*.

Eine weitere Möglichkeit, um Problemen entgegenzuwirken, deren Ursache in einem fehlerhaften Nordosten liegt, besteht darin, an der Vorder- und Hinterseite des Hauses ein Bild oder eine Statue von Ganesha anzubringen. (Liste mit Fehlern im Südosten siehe Hauptbuch)

Problem vorhanden? | j | n | Problem gelöst? | j |

Beschreibung:
_____
_____
_____
_____
_____
_____

Fehler im Südosten vorhanden: -8
Fehler mit Hilfe eines Venus-Yantras neutralisiert: 4

Bewertung

Die Himmelsrichtungen im Gebäude

Der Nordwesten

Schritt 72

Dem Südosten, auf der Diagonalen gegenüberliegend, befindet sich der Nordwesten, wo das Element Luft vorherrscht. Betrachten Sie den Nordwesten ihres Hauses. Kommt das Element Luft dort angemessen zur Geltung? Diese Richtung sollten Sie nicht zu stark beschweren und vor allem für bewegliche Dinge und Tätigkeiten reservieren.

Problem vorhanden? | j | n | Problem gelöst? | j |

Beschreibung:

___

Nordwesten des Hauses für bewegliche Dinge genutzt: 8
Nordwesten des Hauses nicht richtig genutzt: -8

Bewertung

Schritt 73

In welcher Himmelsrichtung befindet sich der Platz zum Abstellen von Autos, Fahrrädern usw.? Hierfür wäre der Nordwesten ideal, da es sich um bewegliche Gegenstände handelt. Versuchen Sie, für solche Zwecke den Südwesten auf jeden Fall zu vermeiden.

Problem vorhanden? j n   Problem gelöst? j

Beschreibung: _____

_____
_____
_____
_____
_____
_____
_____
_____
_____
_____

Garage, Autos, Fahrräder im Nordwesten: 8
Garage, Autos, Fahrräder im Südwesten: -4

Bewertung

Die Himmelsrichtungen im Gebäude

Schritt 74

Der Nordwesten eignet sich vor allem als Gästezimmer oder Büro und zur Lagerung von Lebensmitteln.

Problem vorhanden? | j | n | Problem gelöst? | j |

Beschreibung:

_____

_____

_____

_____

_____

_____

_____

_____

_____

_____

_____

_____

Büro, Speisekammer oder Gästezimmer im Nordwesten des Hauses: 8
Schlafzimmer von Hausbewohnern im Nordwesten: -4

Bewertung

Schritt 75

Fehlern, die im Nordwesten des Hauses auftreten und nicht korrigiert werden können, sollte man mit Hilfe eines Mond-Yantras entgegenwirken. Dieses Yantra sollte dort angebracht werden, wo der spezifische Fehler besteht. Betrifft der Fehler einen bestimmten Raum, so kann das Yantra über dessen Tür aufgehängt werden. Betrifft er ein Fenster, so sollte es im Fenster angebracht werden usw. Das Mond-Yantra finden Sie im Hauptbuch in dem Kapitel *Yantras für die neun Planeten*.

Eine weitere Möglichkeit, um Problemen entgegenzuwirken, deren Ursache in einem fehlerhaften Nordwesten liegt, besteht darin, einen weißen Ganesha am Eingang anzubringen. (Liste mit Fehlern im Nordwesten siehe Hauptbuch)

Problem vorhanden?   j   n   Problem gelöst?   j

Beschreibung:

Fehler im Nordwesten vorhanden: -8
Fehler mit Hilfe eines Mond-Yantras neutralisiert: 4

Bewertung

Die Himmelsrichtungen im Gebäude

Der Osten

Schritt 76

Wie nutzen Sie den Osten Ihres Hauses? Haben Sie dort ein Fenster, durch das die Strahlen der frühen Morgensonne in das Haus fallen können? Versuchen Sie, die förderliche Energie dieser Strahlen um diese Zeit zu nutzen, indem Sie den Bereich hinter diesen Fenstern dementsprechend gestalten bzw. verwenden. Sie können dort z.B. eine Sitzgelegenheit, ein Bad oder einen Platz zur Meditation einrichten.

Problem vorhanden? | j | n | Problem gelöst? | j |

Beschreibung:

Fenster im Osten, durch das die Morgensonne fällt:
    Sie wird dort genutzt: 8
    Sie wird dort nicht genutzt: 4
Kaum Fenster im Osten: -8

Bewertung

Schritt 77

Unter keinen Umständen sollten sich im Osten Müll, eine Abstellkammer oder der höchste Punkt des Hauses befinden. Ist dies der Fall, sollten Sie überprüfen, ob sich dieses bereits negativ auswirkt und versuchen, eine Lösung zu finden.

Problem vorhanden? j n   Problem gelöst? j

Beschreibung: _____

_____
_____
_____
_____
_____
_____
_____
_____
_____
_____

> Müll oder Abstellkammer im Osten: -8
> Der höchste Punkt des Hauses im Osten: -8

Bewertung

Die Himmelsrichtungen im Gebäude

Schritt 78

Fehlern, die im Osten des Hauses auftreten und nicht korrigiert werden können, sollte mit Hilfe eines Sonnen-Yantras entgegengewirkt werden. Dieses Yantra sollte dort angebracht werden, wo der spezifische Fehler besteht. Betrifft der Fehler einen bestimmten Raum, so kann das Yantra über dessen Tür aufgehängt werden. Betrifft er ein Fenster, so sollte es im Fenster angebracht werden usw. Das Sonnen-Yantra finden Sie im Hauptbuch in dem Kapitel *Yantras für die neun Planeten*.

Eine weitere Möglichkeit, um Problemen entgegenzuwirken, deren Ursache in einem fehlerhaften Osten liegt, besteht darin, der Sonne mit Hilfe von Mantras oder dem Sonnengruß des Yoga Verehrung darzubringen. (Liste mit Fehlern im Osten siehe Hauptbuch)

Problem vorhanden? | j | n | Problem gelöst? | j |

Beschreibung:
_____
_____
_____
_____
_____
_____
_____

Fehler im Osten vorhanden: -8
Fehler mit Hilfe eines Sonnen-Yantras neutralisiert: 4

Bewertung

Der Norden

Schritt 79

Auf welche Weise nutzen Sie den Norden Ihres Hauses? Er eignet sich sehr gut, um Wertgegenstände aufzubewahren, einen Tresor aufzustellen, ein Büro einzurichten oder allgemein als Wohnbereich. Seine Energien sind weiblich und fördern Kunst, Musik und Kreativität. Gestalten Sie diesen Bereich Ihrer Wohnung möglichst hochwertig, um die positiven Energien des Nordens für die Bewohner des Hauses zugänglich zu machen.

Problem vorhanden? | j | n | Problem gelöst? | j |

Beschreibung: _____

_____

_____

_____

_____

_____

Norden entsprechend genutzt
(Wohnzimmer, Tresor, Büro, kreative und künstlerische Tätigkeiten, Meditation usw.): 8
Norden nicht entsprechend genutzt
(vor allem Müll oder Abstellraum im Norden; Küche im Norden ist auch nicht so gut): -8

Bewertung

Die Himmelsrichtungen im Gebäude

Schritt 80

Fehlern, die im Norden des Hauses auftreten und nicht korrigiert werden können, sollte man mit Hilfe eines Merkur-Yantras entgegenwirken. Dieses Yantra sollte dort angebracht werden, wo der spezifische Fehler besteht. Betrifft der Fehler einen bestimmten Raum, so kann das Yantra über dessen Tür aufgehängt werden. Betrifft er ein Fenster, so sollte es im Fenster angebracht werden usw. Das Merkur-Yantra finden Sie im Hauptbuch in dem Kapitel *Yantras für die neun Planeten*.

Eine weitere Möglichkeit, um Problemen entgegenzuwirken, deren Ursache in einem fehlerhaften Norden liegt, besteht darin, die Wände der betroffenen Räume mit grüner Farbe zu streichen, mittwochs bis zum Abend zu fasten, ein Glockenspiel am Eingang des Hauses anzubringen oder einen grünen Papagei im Haus zu halten. (Liste mit Fehlern im Norden siehe Hauptbuch)

Problem vorhanden? | j | n | Problem gelöst? | j |

Beschreibung: _____

_____

_____

_____

_____

Fehler im Norden vorhanden: -8
Fehler mit Hilfe eines Merkur-Yantras neutralisiert: 4

Bewertung

Der Westen

Schritt 81

Wie nutzen Sie den Westen Ihres Hauses? Er steht unter der Herrschaft des Planeten Saturn und ist daher gut geeignet für alles, was mit Nahrungsmitteln und Essen zusammenhängt. Ein Eßzimmer oder eine Speisekammer wären dort richtig plaziert, doch auch ein Studierzimmer oder Kinderzimmer machen sich dort sehr gut. Der Westen steht für Ruhe und ist mit dem Element Wasser verbunden. Sie sollten dort keine Aktivitäten ausführen, die sehr viel physische Energie oder Durchsetzungskraft benötigen wie Management oder sportliche Aktivitäten.

Problem vorhanden? | j | n | Problem gelöst? | j |

Beschreibung:
_____
_____
_____
_____

Speisekammer, Studierzimmer, Kinderzimmer oder Badezimmer im Westen: 8
Westen nicht entsprechend genutzt (z.B. Küche, Wohnzimmer, Safe): -8

Bewertung

Die Himmelsrichtungen im Gebäude

Schritt 82

Fehlern, die im Westen des Hauses auftreten und nicht korrigiert werden können, sollte man mit Hilfe eines Saturn-Yantras entgegenwirken. Dieses Yantra sollte dort angebracht werden, wo der spezifische Fehler besteht. Betrifft der Fehler einen bestimmten Raum, so kann das Yantra über dessen Tür aufgehängt werden. Betrifft er ein Fenster, so sollte es im Fenster angebracht werden usw. Das Saturn-Yantra finden Sie im Hauptbuch in dem Kapitel *Yantras für die neun Planeten*.

Eine weitere Möglichkeit, um Problemen entgegenzuwirken, deren Ursache in einem fehlerhaften Osten liegt, besteht darin, samstags bis zum Abend zu fasten. (Liste mit Fehlern im Westen siehe Hauptbuch)

Problem vorhanden? | j | n | Problem gelöst? | j |

Beschreibung: _____

_____

_____

_____

_____

_____

_____

Fehler im Westen vorhanden: -8
Fehler mit Hilfe eines Saturn-Yantras neutralisiert: 4

Bewertung

Der Süden

Schritt 83

Nutzen Sie auch die Energien des Südens richtig? Der Süden sollte nicht zu sehr geöffnet werden. Er eignet sich gut als Schlafzimmer, jedoch nicht für Menschen in deren Konstitution das Element Feuer sehr stark präsent ist oder die unter dem Einfluß eines starken Mars geboren wurden. Falls sich dort ein Wohnzimmer befindet, sollte man darauf achten, daß es nicht die gesamte südliche Seite des Hauses einnimmt. Insbesondere der Südwesten sollte ausgespart bleiben. Auch die südöstliche Ecke dient besser anderen Zwecken. Selbstverständlich könnte ein Kamin im Südosten gebaut werden.

Problem vorhanden? | j | n | Problem gelöst? | j |

Beschreibung:

Schlafzimmer, Abstellkammer oder Salon im Süden: 8
Süden nicht entsprechend genutzt (z.B. Wohnzimmer im gesamten Süden, Büro im Süden, Eßzimmer im Süden): -6

Bewertung

Die Himmelsrichtungen im Gebäude

Schritt 84

Fehlern, die im Süden des Hauses auftreten und nicht korrigiert werden können, sollte man mit Hilfe eines Mars-Yantras entgegenwirken. Dieses Yantra sollte dort angebracht werden, wo der spezifische Fehler besteht. Betrifft der Fehler einen bestimmten Raum, so kann das Yantra über dessen Tür aufgehängt werden. Betrifft er ein Fenster, so sollte es im Fenster angebracht werden usw. Das Mars-Yantra finden Sie im Hauptbuch in dem Kapitel *Yantras für die neun Planeten*.

Eine weitere Möglichkeit, um Problemen entgegenzuwirken, deren Ursache in einem fehlerhaften Osten liegt, besteht darin, einen grünen Ganesha mit dem Rüssel Richtung Süden weisend aufzustellen oder Sri Hanuman zu verehren. (Liste mit Fehlern im Süden siehe Hauptbuch)

Problem vorhanden? | j | n | Problem gelöst? | j |

Beschreibung: _____

_____

_____

_____

_____

_____

Fehler im Süden vorhanden: -8
Fehler mit Hilfe eines Mars-Yantras neutralisiert: 4

Bewertung

Einflüsse der Planeten, der Elemente und feinstofflichen Energien im Haus

Schritt 85

Finden Sie mit Hilfe der Astrologie heraus, welche Planeteneinflüsse in Ihrem Leben zur Zeit förderlich für Sie wären und welche Sie eher vermeiden sollten. Dementsprechend können Sie bestimmen, in welcher Richtung des Hauses die Energien für Sie von Vorteil sind. Versuchen Sie, die Energien der Richtungen zu nutzen, in denen Planeten herrschen, deren Einfluß für Sie gut ist. (siehe Diagramm zu Schritt 85 im Hauptbuch) Entsprechen die Räume, die Sie derzeit bewohnen bzw. nutzen, Ihren gegenwärtigen Bedürfnissen?

Problem vorhanden? j n   Problem gelöst? j

Beschreibung: _____

_____

_____

_____

_____

_____

Unterstützen die von Ihnen bewohnten Räume Ihre astrologische Konstellation? ja: 8   nein: -8

Bewertung

Einflüsse der Planeten, der Elemente und feinstofflicher Energien

Schritt 86

Finden Sie auch heraus, welche Elemente in ihrer ayurvedischen Konstitution gefördert und welche eher abgeschwächt werden müssen. Ist Ihre Konstitution Kapha (Erde/Wasser), so sind die Elemente Feuer, Luft und Äther zu unterstützen, wobei Sie sich im Bereich Südwesten und Westen wahrscheinlich heimisch fühlen. Wollen Sie ihr Pitta (Feuer/Wasser) erhöhen, bietet sich der Südosten an, während zur Erhöhung des Vata-Elements (Luft/Äther) der Nordwesten und der Nordosten vorzuziehen sind. Tendiert Ihre Konstitution zum Pitta, sollten Sie den Südosten eher vermeiden, um das Feuerelement nicht zusätzlich zu stärken. Ausgleich fänden Sie vor allem im Westen, Norden, Nordwesten, Nordosten und Südwesten. Ebenso findet der Vata-Typ Erdung im Südwesten und Westen, während der Süden und Südosten ihm Energie geben können. Für ihn wäre der Nordwesten hingegen ungünstig. Finden Sie heraus, wie Sie sich die räumlichen Energien der Elemente nutzbar machen können. Ihre ayurvedische Konstitution können Sie von einem erfahrenen Ayurveda-Therapeuten bestimmen lassen oder mit Hilfe der Checkliste im Hauptbuch herausfinden.

Problem vorhanden? | j | n | Problem gelöst? | j |

Beschreibung: _____

_____

_____

_____

_____

Befinden Sie sich Ihrer Konstitution entsprechend in den richtigen Räumen? ja: 8   nein: -8

Bewertung

Schritt 87

Finden Sie in Ihrer Wohnung einen Ort, wo Sie sich entspannen, meditieren oder in Ruhe ein Buch lesen können. Erfüllen die dafür vorgesehenen Orte diesen Zweck, oder werden sie hierfür nur ungern oder gar nicht genutzt? Die Ursachen für einen solchen Fall liegen häufig in der falschen Wahl des Ortes.
Versuchen Sie für Meditation, Entspannung und Studium im Nordosten des Hauses Platz zu schaffen. Auch der Westen kann für einen solchen Zweck angemessen sein. Machen Sie ein Experiment und finden Sie den besten Platz für diese Tätigkeiten heraus.

Problem vorhanden? | j | n | Problem gelöst? | j |

Beschreibung: _____

_____

_____

_____

_____

_____

_____

Gibt es einen solchen Raum? ja: 8   nein: -8

Bewertung

Einflüsse der Planeten, der Elemente und feinstofflicher Energien

Schritt 88

Haben Sie das Gefühl, daß die weiblichen und männlichen Energien im Haus ausgeglichen sind, oder gibt es diesbezügliche Ungleichgewichte bzw. Spannungen? Wenn ja, sollten Sie schauen, ob sich diese Symptome im Haus widerspiegeln. Der Norden, der Süden und der Nordwesten stehen ebenso für die weiblichen Energien wie die Mondfenster. Der Osten und Nordosten repräsentieren ebenso wie die Sonnenfenster den männlichen Aspekt.

Das Gayatri-Yantra kann verwendet werden, um die männlichen und weiblichen Energien auszugleichen bzw. falls erforderlich, die weiblichen Energien zu stärken.

Problem vorhanden? j n   Problem gelöst? j

Beschreibung:

Schritt 89

Einen ähnlichen Effekt zur feinstofflichen Korrektur wie durch Yantras erzielen Sie auf folgende Weise:

Sie können in den Grundriß Ihres Hauses den Vastupurusha einzeichnen, der mit dem Kopf in Richtung Nordosten liegen sollte. Zeichnen Sie ihn so groß, daß er in ein um das gesamte Haus herum gelegtes Quadrat hineinpaßt. Dadurch können Sie auf subtile Weise die Energien Ihres Hauses ausgleichen. Eine andere Möglichkeit besteht darin, das Yantra zur Richtungskorrektur, das im Hauptbuch abgedruckt ist, auf eine transparente Folie zu kopieren und mit der richtigen Orientierung und Größe auf den Grundriß zu legen.

Problem vorhanden? | j | n | Problem gelöst? | j |

Beschreibung: _____

Vastupurusha Mandala auf Grundstück angewandt: 8

Bewertung

Fenster

Schritt 90

Beachten Sie die Fenster rechts vom Haupteingang des Hauses (von innen gesehen). Diese Fenster werden als Sonnenfenster bezeichnet, da sie unter der Herrschaft der Sonne stehen, die das männliche Prinzip verkörpert. Diese Fenster sollten sich vom technischen und ästhetischen Standpunkt her in einem guten Zustand befinden, da sonst die männlichen Bewohner des Hauses negativ betroffen sind. Achten Sie auch darauf, was sich hinter diesen Fenstern befindet. Es sagt viel aus über die männliche Energie im Haus.

Problem vorhanden? | j | n | Problem gelöst? | j |

Beschreibung: _____

_____

_____

_____

Der Zustand der Sonnenfenster ist gut: 8
Der Zustand der Sonnenfenster ist nicht gut: -8
Hinter den Sonnenfenstern befinden sich Geschäftsräume, eine Küche oder ein Bad: 8
Hinter den Sonnenfenstern befindet sich ein Schlafzimmer, Wohnzimmer, Eßzimmer oder eine Speisekammer: -8

Bewertung

Schritt 91

Die Fenster links vom Haupteingang (von innen betrachtet) sind die Mondfenster und unterstehen der Herrschaft des Mondes. Kümmern Sie sich auch um den Zustand dieser Fenster, um die weiblichen Energien des Hauses zu stärken. Auch das, was sich hinter bzw. vor diesen Fenstern befindet, beeinflußt die weiblichen Bewohner des Hauses.

Problem vorhanden? | j | n | Problem gelöst? | j |

Beschreibung: _____

_____

_____

_____

_____

_____

_____

_____

Die Mondfenster sind in einem guten Zustand: 8
Die Mondfenster sind in einem schlechten Zustand: -8
Hinter den Mondfenstern befindet sich eine Küche oder vor den Mondfenstern befindet sich ein Mast, eine Laterne oder ein hoher Baum: -8
Hinter den Mondfenstern befinden sich Wohnzimmer, Schlafzimmer, Speisekammer, Gästezimmer oder Büro: 8

Bewertung

Fenster

Schritt 92

Befinden sich die Sonnenfenster in einem schlechten Zustand oder befinden sich dahinter die falschen Räume, so sind negative Einflüsse auf die männlichen Bewohner des Hauses zu erwarten. Diese können sich mit Hilfe eines Rubins gegen solche Einflüsse schützen.

Sind die Mondfenster negativ betroffen, so können sich die weiblichen Bewohner schützen, indem sie Süßwasserperlen tragen, die ihren Mond stärken.

Problem vorhanden? | j | n | Problem gelöst? | j |

Beschreibung:

_____
_____
_____
_____
_____
_____
_____
_____

Männliche Bewohner tragen Rubin, um die Sonne zu stärken: 8
Weibliche Bewohner tragen Perlen, um ihren Mond zu stärken: 8

Bewertung

Schritt 93

Haben Sie das Gefühl, daß ein bestimmtes Fenster die Energien des Hauses negativ beeinflußt, so können Sie ein auf eine durchsichtige Folie gemaltes bzw. kopiertes Yantra in dem Fenster befestigen. Dieses kann nach astrologischen Gesichtspunkten ausgewählt werden. Man stimmt es darauf ab, welcher Planeteneinfluß in dem jeweiligen Fall gestärkt bzw. abgeschwächt werden sollte.

Problem vorhanden? | j | n | Problem gelöst? | j |

Beschreibung:

Die Innenausstattung des Hauses

Schritt 94

Schauen Sie nach, in welchen Richtungen in Ihrem Haus die Spiegel hängen. Sie sollten im allgemeinen an östlichen und nördlichen Wänden aufgehängt werden.

Problem vorhanden? j n   Problem gelöst? j

Beschreibung:

Spiegel an nördlichen und östlichen Wänden: 1 pro Spiegel
Spiegel im Süden oder Westen: -1 pro Spiegel
(Maximal +/-8)

Bewertung

Schritt 95

Auch die Waschbecken gehören an die nördlichen und östlichen Wände.

Problem vorhanden? [j] [n]   Problem gelöst? [j]

Beschreibung: _____

_____

_____

_____

_____

_____

_____

_____

_____

_____

_____

Waschbecken im Norden oder Osten: 2 pro Waschbecken
Waschbecken im Westen oder Süden: -2 pro Waschbecken
(Maximal +/-8)

[ ] [ ] Bewertung

Die Innenausstattung des Hauses

Schritt 96

Uhren sollten nicht an südlichen Wänden hängen.

Problem vorhanden? | j | n | Problem gelöst? | j |

Beschreibung:

Uhr an südlicher Wand: -2 pro Uhr
(Maximal +/-8)

Bewertung

Schritt 97

Wo stehen in Ihrem Haus die Bücher? Sie sollten nicht im Südwesten oder Nordwesten eines Zimmers gelagert werden, sondern am besten im Norden und Osten. Andererseits werden sie entweder nie gelesen (im Südwesten) oder verschwinden leicht (im Nordwesten). Idealerweise stellt man Bücher nicht zu eng, sondern gibt ihnen großzügig Raum.

Problem vorhanden? j n   Problem gelöst? j

Beschreibung:

Bücher im Südwesten oder Nordwesten: -8
Bücher im Norden oder Osten: 8

Bewertung

Die Innenausstattung des Hauses

Schritt 98

In welche Richtungen führen Sie die wichtigsten Tätigkeiten im Haus aus? Arbeiten, meditieren, kochen, Gespräche mit Gästen usw. sollten Sie in Richtung Osten ausführen. Richten Sie die Sitzgelegenheiten so ein, daß Sie beim Gespräch mit Gästen oder Kunden immer Richtung Osten schauen. Der Norden ist für diesen Zweck als Richtung ebenfalls akzeptabel.

Medikamente, Nahrungsergänzungsmittel, Kräutertees und andere Mittel, die die Gesundheit fördern, sollten in Richtung Nordosten eingenommen werden.

Problem vorhanden? | j | n | Problem gelöst? | j |

Beschreibung:

___

Stühle für Hausherren zum Empfang von Gästen Richtung Osten: 2 pro Fall
Arbeitsplatz Richtung Osten: 2 pro Fall
Wichtige Tätigkeiten in Richtung Süden: -4 pro Fall
(Maximal +/-8)

Bewertung

Schritt 99

In welcher Richtung befindet sich das Kopfende der Betten? Sie sollten es vermeiden mit dem Kopf in Richtung Norden zu schlafen, während der Süden für die Gesundheit, der Westen für den Wohlstand und der Osten für die geistige und spirituelle Entwicklung sehr gut sind. Gäste sollten mit dem Kopf in Richtung Westen schlafen.

Problem vorhanden? j n   Problem gelöst? j

Beschreibung: _____

_____

_____

_____

_____

_____

_____

_____

_____

_____

Bett mit Kopfende Richtung Norden: -2 pro Bett
Gästebett Richtung Westen: 2
Betten Richtung Osten oder Süden: 2 pro Bett
(Maximal +/-8)

Bewertung

Die Innenausstattung des Hauses

Schritt 100

Nach dem Aufstehen sollte man zunächst in Richtung Osten oder Norden schauen. Auch die ersten Schritte sollten in Richtung Osten oder Norden getan werden. Daher ist es gut, Türen in diesen Richtungen zu besitzen. Man sollte morgens nach dem Aufstehen nicht als erstes Wasser sehen. Am besten ist es, wenn der Blick als erstes auf ein spirituell inspirierendes Motiv fällt.

Problem vorhanden? | j | n | Problem gelöst? | j |

Beschreibung: _____

_____

_____

_____

_____

_____

_____

_____

Der erste Blick fällt in Richtung Norden oder Osten: 8
Der erste Blick fällt in Richtung Süden oder Westen: -8
Die ersten Schritte werden Richtung Norden oder Osten unternommen: 8
Die ersten Schritte werden Richtung Süden oder Westen unternommen: -8
Der erste Blick fällt morgens auf ein spirituell inspirierendes Motiv: 4

| | | Bewertung

Schritt 101

Man sollte mit seinen Füßen nicht in Richtung einer Tür schlafen.
Schränke, Türen und Fenster sollten einander gegenüber liegen.

Problem vorhanden? | j | n | Problem gelöst? | j |

Beschreibung: _____

_____

_____

_____

_____

_____

_____

_____

_____

_____

_____

Füße beim Schlafen in Richtung einer Tür: -2 pro Person
Schränke stehen gegenüber Türen oder Fenstern: 2 pro Schrank
(Maximal +/-8)

Bewertung

Die Innenausstattung des Hauses

Schritt 102

Schränke mit wichtigen Dokumenten sollten an östlichen Wänden stehen. Schränke mit wertvollen Gegenständen sollten sich nicht in Richtung Süden öffnen lassen. Rechtsunterlagen sollten nicht im Südosten gelagert werden, da sonst der Streit zunimmt. Werden sie im Süden aufbewahrt, droht Verlust. Lagern sie im Safe oder in der Kasse, so werden die Finanzen in Mitleidenschaft gezogen. Man plaziert sie idealerweise im Norden oder Osten mit einem Yantra von Narasimhadeva.

Problem vorhanden? | j | n | Problem gelöst? | j |

Beschreibung:

_____

_____

_____

_____

_____

_____

Schrank mit wertvollen Dingen öffnet sich Richtung Süden: -4
Schränke mit wichtigen Dokumenten im Osten: 4
Rechtsunterlagen im Süden oder Südosten: -8
Rechtsunterlagen im Norden oder Osten: 8
Rechtsunterlagen werden mit Geld zusammen aufbewahrt: -8
(Maximal +/-8)

Bewertung

Schritt 103

Achten Sie bei Teppichen, die Sie auslegen oder Bilderrahmen, die Sie aufhängen, auf die Proportionen. Im Vastu gibt es eine Vielzahl glückverheißender Proportionen, die je nach Wunsch ausgewählt werden können. Sie können auch auf andere glückverheißende Proportionen wie den goldenen Schnitt zurückgreifen.

Sie werden überrascht sein, wie stark die Raumqualitäten durch die richtige Abstimmung der Maße beeinflußt werden.

Natürlich betrifft dieser Punkt auch die Raumproportionen bzw. die Maße des gesamten Hauses und Grundstücks, doch lassen sich solche Parameter im allgemeinen im nachhinein nicht mehr korrigieren.

Problem vorhanden? | j | n | Problem gelöst? | j |

Beschreibung: _____

_____

_____

_____

_____

_____

_____

_____

_____

_____

Die Innenausstattung des Hauses

Schritt 104

Vastu empfiehlt nicht, das gesamte Haus zu unterkellern. Der Norden und Osten bieten sich ebenso zur Unterkellerung an wie der Nordosten. Falls das gesamte Haus unterkellert ist, sollte man vorwiegend den Norden oder Osten für hochwertige Zwecke verwenden. Die restlichen Bereiche haben schlechtere Energien.

Problem vorhanden? | j | n | Problem gelöst? | j |

Beschreibung: _____

_____

_____

_____

_____

_____

_____

_____

_____

_____

Keller im Norden, Osten oder Nordosten: 8
Keller im Süden, Westen oder Südwesten: -8

Bewertung

Schritt 105

Kranke sollten sich im Nordwesten oder im Südwesten auskurieren. Als Wandfarben fördern vor allem hellblau, grün und gelb (ebenfalls hell und leuchtend) die Heilung von Krankheiten.

Problem vorhanden? [j] [n]   Problem gelöst? [j]

Beschreibung: _____

_____

_____

_____

_____

_____

_____

_____

_____

_____

_____

_____

Kranke im Südwesten oder Nordwesten: 8

Bewertung

Die Innenausstattung des Hauses

Schritt 106

Es wird im Vastu nicht empfohlen, unglückverheißende Bilder aufzuhängen. Die Motive sollten inspirierend oder spirituell bedeutsam sein. Naturbilder sind ebenfalls sehr förderlich.

Problem vorhanden? | j | | n | Problem gelöst? | j |

Beschreibung: _____

_____

_____

_____

_____

_____

_____

_____

_____

_____

_____

_____

Bilder mit negativen Motiven: -2 pro Bild
Spirituell kraftvolle Bilder: 2 pro Bild
(Maximal +/-8)

Bewertung

Schritt 107

Im Schlafzimmer sollte sich kein Wasseranschluß befinden. Wertgegenstände und Geld sollten hingegen im Schlafzimmer untergebracht werden.

Problem vorhanden? | j | n | Problem gelöst? | j |

Beschreibung: _____

_____

_____

_____

_____

_____

_____

_____

_____

_____

_____

_____

Wasser im Schlafzimmer: -8
Wertgegenstände oder Geld im Schlafzimmer: 8

Bewertung

Die Innenausstattung des Hauses

Schritt 108

Die Anzahl der Stufen einer Treppe sollte möglichst ungerade sein.

Problem vorhanden? | j | n | Problem gelöst? | j |

Beschreibung:

Anzahl der Stufen ungerade pro Treppe: 4 Punkte
Anzahl der Stufen gerade pro Treppe: -4 Punkte
(Maximal +/-8)

Bewertung

Schritt 109

Bringen Sie die Torbeleuchtung rechts vom Eingang an (von innen betrachtet).

Problem vorhanden? [j] [n]   Problem gelöst? [j]

Beschreibung:

Torbeleuchtung rechts vom Eingang: 8
Torbeleuchtung links vom Eingang: -8

Bewertung

Die Innenausstattung des Hauses

Schritt 110

Falls in dem Haus ein Kind entbunden werden soll, so wäre ein Raum in Richtung Ost-Nordost geeignet, um eine leichte Geburt zu gewährleisten.

Problem vorhanden? | j | n | Problem gelöst? | j |

Beschreibung: _____

_____

_____

_____

_____

_____

_____

_____

_____

_____

_____

Kinder werden im Bereich Ost-Nordost entbunden: 8

Bewertung

108 Schritte - Arbeitsbuch

Schritt 111

Haustiere halten Sie am besten im Nordwesten des Hauses.

Problem vorhanden? j n   Problem gelöst? j

Beschreibung:

Haustiere im Nordwesten: 8 Punkte
Haustiere im Nordosten: -8 Punkte

Bewertung

Die Innenausstattung des Hauses

Schritt 112

Lagern Sie im Südosten keine größeren Mengen von Lebensmitteln. Das beeinflußt die Gesundheit der weiblichen Bewohner des Hauses negativ.

Problem vorhanden? | j | n | Problem gelöst? | j |

Beschreibung: _____

_____

_____

_____

_____

_____

_____

_____

_____

_____

_____

Lebensmittel im Südosten gelagert: −2 bis −8 Punkte je nach Menge
Lebensmittel im Nordwesten oder Westen gelagert: 8
Lebensmittel im Süden oder Osten: 4

Bewertung

121

108 Schritte - Arbeitsbuch

Schritt 113

Die Anzahl der Räume in einem Haus, die mit einer Tür versehen sind, sollte ungerade sein.

Problem vorhanden? [j] [n]   Problem gelöst? [j]
Beschreibung: _____

_____

_____

_____

_____

_____

_____

_____

_____

_____

_____

_____

Anzahl der Räume im Haus ungerade: 8 Punkte
Anzahl der Räume im Haus gerade: -8 Punkte

[ ] [ ] Bewertung

Die Innenausstattung des Hauses

Schritt 114

Befindet sich im Süden oder Westen des Hauses eine Veranda, so sollte Sie höher liegen, als der Fußboden des Hauses. Befindet sie sich im Norden oder Osten, so sollte ihr Boden niedriger sein als der des Hauses.

Problem vorhanden? | j | n | Problem gelöst? | j |

Beschreibung: _____

_____

_____

_____

_____

_____

_____

_____

Veranda in richtiger Höhe: 8
Veranda in falscher Höhe: -8

Bewertung

108 Schritte - Arbeitsbuch

Schritt 115

Falls sich Verandas im Norden und Osten des Hauses befinden, ist es vorteilhaft, sie miteinander zu verbinden. Eine Unterbrechung zwischen ihnen wäre nicht von Vorteil.

Problem vorhanden? | j | n | Problem gelöst? | j |

Beschreibung: _____

_____

_____

_____

_____

_____

_____

_____

_____

_____

Verandas im Norden und Osten miteinander verbunden: 8
Voneinander getrennt: -8

Bewertung

Die Innenausstattung des Hauses

Schritt 116

Für Arbeiten an einem neuen Haus sollte kein altes bzw. gebrauchtes Baumaterial benutzt werden. Das gleiche gilt auch für die Renovierung eines alten Hauses.

Problem vorhanden? | j | n | Problem gelöst? | j |

Beschreibung:

Schritt 117

Die Toilettensitze sollten nicht in Richtung Osten oder Westen weisen.

Problem vorhanden? j n   Problem gelöst? j

Beschreibung:

Toilettensitze in Richtung Osten oder Westen: -4 pro Fall
Toilettensitze in Richtung Süden oder Norden: 2 pro Fall

Bewertung

Die Küche

Schritt 118

Nutzen Sie die Küche, um Gäste einzuladen und für gesellige Gespräche? Dadurch könnte die Tendenz zu Streit im Haus verstärkt werden. Die Küche sollte vor allem zum Kochen und Energetisieren der Nahrung genutzt werden.

Problem vorhanden? [j] [n]   Problem gelöst? [j]

Beschreibung:

_____

_____

_____

_____

_____

_____

_____

_____

Küche ist privater Bereich, der nur zum Kochen genutzt wird: 8
Küche ist mit geselligem Bereich verbunden und Gästen zugänglich: -8

Bewertung

Schritt 119

Wo befindet sich Ihre Küche? Sie wäre am besten im Südosten plaziert, doch auch der Nordwesten ist akzeptabel. Die anderen Himmelsrichtungen sind für die Küche weniger geeignet. Falls sich Ihre Küche in einem anderen Bereich des Hauses befindet, sollten Sie versuchen, den Herd im Südosten der Küche zu plazieren und ein Mandala zur Förderung des Elements Feuer und des Planeten Mars in der Küche aufzuhängen.

Problem vorhanden? j n   Problem gelöst? j

Beschreibung: _____

_____

_____

_____

_____

_____

_____

Küche im Südosten: 8
Küche im Nordwesten: 2
Küche in anderen Richtungen: -8
Mars-Yantra zur Korrektur aufgehängt: 4

Bewertung

Die Küche

Schritt 120

In der Küche sollten sich die Wasserinstallationen wie die Spüle im Nordosten befinden. Sie sollten nicht im Südosten dieses Raumes plaziert werden, um einen Konflikt zwischen Wasser und Feuer zu vermeiden. Stellen Sie die schweren Schränke in den Südwesten der Küche und den Kühlschrank in den Nordwesten. Dadurch erreichen Sie die bestmögliche Harmonie zwischen den Elementen.

Problem vorhanden? | j | n | Problem gelöst? | j |

Beschreibung:

_____

_____

_____

_____

_____

Wasserinstallationen im Nordosten: 8
Wasser im Westen, Norden oder Osten: 6
Wasser im Süden: 0
Wasserinstallationen im Südosten oder Südwesten: -8
Kühlschrank im Nordwesten: 8
Kühlschrank im Südosten: -8
Kühlschrank im Süden oder Osten: -4
Kühlschrank im Westen oder Norden: 4
Herd im Südosten: 8
Herd im Nordosten: -8
Herd im Osten oder Süden: 4
Herd im Westen oder Norden: -4

Bewertung

129

Schritt 121

Achten Sie darauf, daß sich der Herd nicht gegenüber einer Tür befindet.

Problem vorhanden? | j | n | Problem gelöst? | j |

Beschreibung: _____

_____

_____

_____

_____

_____

_____

_____

_____

_____

Herd gegenüber der Tür: -8
Herd an einem geschützten Ort: 8

Bewertung

Die Küche

Schritt 122

Wird ein Herd im Südosten der Küche aufgestellt, so sollte er weder die östliche noch die südliche Wand berühren. Er sollte dort jeweils 9 cm Abstand zu den Wänden haben. Über der Kochstelle sollte kein Trinkwasser aufbewahrt werden, da sonst die reizbare Energie des Feuers durch das Wasser auf die Menschen übertragen werden kann.

Problem vorhanden? | j | n | Problem gelöst? | j |

Beschreibung:

_____

_____

_____

_____

_____

_____

_____

_____

Herd steht direkt an der östliche oder südlichen Wand: -8
Herd hat im Südosten genügend Abstand zu den Wänden: 8
Trinkwasser über Herd: -6

Bewertung

108 Schritte - Arbeitsbuch

Schritt 123

Es sollte in Richtung Osten gekocht werden.

Problem vorhanden? | j | n | Problem gelöst? | j |

Beschreibung: _____

_____

_____

_____

_____

_____

_____

_____

_____

_____

_____

Koch schaut beim Kochen in Richtung Osten: 8
Koch schaut beim Kochen in Richtung Norden: 4
Koch schaut beim Kochen in Richtung Südosten: 4
Andere Richtungen: -4

Bewertung

Die Küche

Schritt 124

Sie sollten in der Küche keine größeren Mengen Getreide oder Lebensmittel lagern. Dafür richten Sie besser einen Raum in der Nähe der Küche oder am besten im Nordwesten des Hauses ein, um den Konflikt der Planeten Mars und Saturn zu vermeiden. Bewahren Sie in der Küche nur solche Mengen auf, die zum Kochen benötigt werden.

Problem vorhanden? | j | n | Problem gelöst? | j |

Beschreibung: _____

_____

_____

_____

_____

_____

_____

_____

Größere Menge Getreide in der Küche: -8
Speisekammer im Nordwesten: 8

Bewertung

Schritt 125

Befindet sich die Küche links von der Eingangstür (von innen betrachtet), und besitzt sie ein Fenster in dieser Richtung, so sollten Sie im oberen Bereich dieses Fensters ein auf eine Folie kopiertes Mars-Yantra aufhängen. Hinter einem solchen Fenster wird der Mars durch den Mond geschwächt, was sich negativ auf die Küche auswirken könnten.

Problem vorhanden? | j | n | Problem gelöst? | j |

Beschreibung:

Küche links von Eingangstür: -8
Küche rechts von Eingangstür: 8
Korrektur durch Mars-Yantra auf Fenster: 4

Bewertung

Die Küche

Schritt 126

Der Fußboden der Küche sollte ein Gefälle in Richtung Nordosten aufweisen, so daß das Wasser auf dem Fußboden in diese Richtung abfließt. Falls Sie den Boden der Küche neu fliesen, sollten Sie im Nordosten einen Bodenabfluß anbringen.

Problem vorhanden? | j | n | Problem gelöst? | j |

Beschreibung:

Fußbodengefälle Richtung Norden, Osten oder Nordosten: 8
Fußbodenabfluß im Nordosten: 4
Fußbodengefälle Richtung Süden, Westen oder Südwesten: -8
Senke in der Mitte: -4

Bewertung

Schritt 127

Eßzimmer und Küche sollten möglichst voneinander getrennt werden. Falls Sie trotzdem einen Eßtisch in der Küche wünschen, so wäre dieser am besten im Westen aufzustellen.

Problem vorhanden? | j | n | Problem gelöst? | j |

Beschreibung: _____

_____

_____

_____

_____

_____

_____

_____

_____

_____

Eßtisch in der Küche im Westen: 4
Kein Eßtisch in der Küche: 8
Eßtisch in der Küche in anderen Richtungen: -4

Bewertung

Die Küche

Schritt 128

Mit elektrischer Energie zu kochen ist für die Energie der Nahrung nicht förderlich. Einem Elektroherd wäre ein Gasherd vorzuziehen.

Problem vorhanden? | j | n | Problem gelöst? | j |

Beschreibung: _____

_____

_____

_____

_____

_____

_____

_____

_____

_____

_____

Es wird mit Gas gekocht: 8
Es wird mit E-Herd gekocht: -8

Bewertung

Schritt 129

Befindet sich die Küche unter oder neben einer Toilette? Dieses sollte prinzipiell vermieden werden. Falls es sich nicht vermeiden läßt, sollten Sie darauf achten, daß sich der Herd nicht direkt neben bzw. unter der Toilettenschüssel befindet.

Problem vorhanden? | j | n | Problem gelöst? | j |

Beschreibung: _____

_____

_____

_____

_____

_____

_____

_____

_____

Toilette direkt über der Küche: -8
Toilette direkt neben der Küche: -8
Toilette und Küche nicht benachbart oder übereinander: 8

Bewertung

Die Küche

Schritt 130

Ist in der Küche für ausreichende Lüftung bzw. Luftzirkulation gesorgt? Besonders in der Küche sollte auf ein ausgeglichenes Verhältnis aller fünf Elemente geachtet werden, da dadurch die Qualität der Nahrung wesentlich beeinflußt wird.

Problem vorhanden? | j | n | Problem gelöst? | j |

Beschreibung: _____

_____

_____

_____

_____

_____

_____

_____

_____

_____

_____

Küche ausreichend gelüftet: 8
Küche schlecht gelüftet: -8

Bewertung

Schritt 131

Wandschränke zur Lagerung von Vorräten und Töpfen in der Küche sollten sich nur an den südlichen und westlichen Wänden befinden.

Problem vorhanden? | j | n | Problem gelöst? | j |

Beschreibung: _____

_____

_____

_____

_____

_____

_____

_____

_____

_____

Schränke an nördlichen oder östlichen Wänden je: –2
Jeder Schrank an südlicher oder westlicher Wand: je 2
(maximal +/-8)

Bewertung

Die Küche

Schritt 132

Das Element Äther wird in der Küche durch den Raum im Zentrum repräsentiert. Das Zentrum der Küche sollte frei sein. Hängen Sie dort keine Lampe auf und verstellen Sie es nicht mit Gegenständen oder Möbelstücken.

Problem vorhanden? | j | n | Problem gelöst? | j |

Beschreibung: _____

_____

_____

_____

_____

_____

_____

_____

_____

_____

Mitte der Küche frei: 8
Mitte der Küche verstellt: -8

Bewertung

Die Speisekammer

Schritt 133

Die Speisekammer sollte sich im Nordwesten oder im Westen des Hauses befinden. Innerhalb der Speisekammer sollten Sie die Jahresvorräte im Südwesten und die täglichen Vorräte im Nordwesten lagern. Achten Sie darauf, daß die Vorratsbehälter niemals ganz geleert werden, so daß der Energiefluß nicht zum Stocken kommt.

Problem vorhanden? | j | n | Problem gelöst? | j |

Beschreibung: _____

_____

_____

_____

_____

_____

_____

_____

Jahresvorräte im Südwesten und tägliche Vorräte im Nordwesten: 8
Vorräte nicht entsprechend gelagert: -4

Bewertung

Die Speisekammer

Schritt 134

Öle, Fette und andere brennbare Materialien sowie Gasflaschen und Streichhölzer sollten im Südosten der Speisekammer mit einem Mindestabstand von 60 cm zur Wand gelagert werden.

Problem vorhanden? | j | n | Problem gelöst? | j |

Beschreibung:

Brennbare Lebensmittel bzw. Materialien im Südosten: 8
Diese Dinge nicht entsprechend gelagert: -4

Bewertung

Schritt 135

In der Speisekammer sollte im Nordosten ein Gefäß mit frischem Trinkwasser stehen, um das für Lebensmittel notwendige Element des reinen Wassers entsprechend zur Geltung zu bringen.

Problem vorhanden? | j | n | Problem gelöst? | j |

Beschreibung: _____

_____

_____

_____

_____

_____

_____

_____

_____

_____

Gefäß mit Trinkwasser im Nordosten: 8
Kein Trinkwasser im Nordosten: -8

Bewertung

Farben im Haus

Schritt 136

Gefallen Ihnen die Farben, in denen die einzelnen Räume gestrichen sind? Unterstützen sie die Qualität der Himmelsrichtungen bzw. der Planeten, die diese Himmelsrichtungen beherrschen? (siehe Zuordnungstabelle im Hauptbuch)

Problem vorhanden? | j | n | Problem gelöst? | j |

Beschreibung:

Farben passen zur Qualität der Himmelsrichtung: 2 pro Raum
Farben passen nicht dazu: -2 pro Raum
(Maximal +/-8)

Bewertung

Schritt 137

Die Farben sollten auch auf die Funktion der jeweiligen Räume abgestimmt werden. Hierbei muß man zwischen der Farbe der Himmelsrichtung und der Farbe des Raumes abwägen.

Problem vorhanden? | j | | n | Problem gelöst? | j |

Beschreibung: _____

_____

_____

_____

_____

_____

_____

_____

_____

_____

Farben unterstützen die Funktion der Räume: 2 pro Raum
Farben passen nicht zur Funktion der Räume: -2 pro Raum
(Maximal +/-8)

| | | Bewertung

Farben im Haus

Schritt 138

Letztendlich sollten die Farben der einzelnen Räume auch auf die Personen abgestimmt werden, die in ihnen wohnen oder arbeiten. Auch hierbei sollten die Planeteneinflüsse berücksichtigt werden. (siehe Zuordnungstabelle im Hauptbuch)

Problem vorhanden? j n   Problem gelöst? j

Beschreibung:

_____

_____

_____

_____

_____

_____

_____

_____

Ist die Farbe der einzelnen Räume auf deren Bewohnern abgestimmt? ja: 2 nein: -2 pro Raum
(Maximal +/-8)

Bewertung

Schritt 139

Falls Sie vorhaben, Ihr Haus neu zu streichen, so werden im Vastu die folgenden Farben empfohlen, je nachdem, in welcher Richtung sich die Frontseite des Hauses befindet:

Osten	weiß
Südosten	grau
Süden	rot
Südwesten	grün
Westen	blau
Nordwesten	weiß
Norden	grün
Nordosten	gelb

Problem vorhanden? j n   Problem gelöst? j

Beschreibung: _____

_____

_____

_____

_____

_____

Entspricht die Farbe des Hauses der Farbe der Himmelsrichtung?
Ja: 8 Punkte
Nein: 0 Punkte

Bewertung

Kommerzielle Räume

Schritt 140

In welche Richtung verkaufen Sie? Stellen Sie den Verkaufstresen so, daß Sie beim Verkauf in Richtung Osten blicken.

Problem vorhanden? | j | n | Problem gelöst? | j |

Beschreibung: _____

_____

_____

_____

_____

_____

_____

_____

_____

_____

Verkauf in Richtung Osten: 8
Verkauf in Richtung Norden: 4
Verkauf in Richtung Westen oder Süden: -4

Bewertung

108 Schritte - Arbeitsbuch

Schritt 141

In welcher Richtung lagern Sie Dinge, die schnell verkauft werden sollen bzw. fertige Waren? Am besten sollten sie sich im Nordwesten befinden.

Problem vorhanden? [j] [n]   Problem gelöst? [j]

Beschreibung: _____

_____

_____

_____

_____

_____

_____

_____

_____

Fertige Waren werden im Nordwesten gelagert: 8
Fertige Waren werden im Südwesten gelagert: -8
Fertige Waren werden im Nordosten gelagert: -6
Fertige Waren im Osten oder Süden: -4
Fertige Waren im Norden oder Westen: 4

Bewertung

Kommerzielle Räume

Schritt 142

Schaukästen zum Ausstellen der Ware sollten sich im Süden oder Westen befinden

Problem vorhanden? [j] [n]   Problem gelöst? [j]

Beschreibung:

Die Schaukästen befinden sich im Süden oder Westen: 8
Die Schaukästen befinden sich im Norden oder Osten: -8

Bewertung

Schritt 143

Vermeiden Sie im Verkaufsraum einander kreuzende Balken an der Decke.

Problem vorhanden? | j | n | Problem gelöst? | j |

Beschreibung:

Kreuzende Balken an der Decke: -8

Bewertung

Kommerzielle Räume

Schritt 144

Der Verkaufstresen sollte möglichst aus Holz gefertigt werden und sich im Südosten, Südwesten oder Nordwesten befinden.

Problem vorhanden? | j | n | Problem gelöst? | j |

Beschreibung:

_____

_____
_____
_____
_____
_____
_____
_____
_____
_____
_____

Verkaufstresen aus Holz: 8
Verkaufstresen im Südosten, Südwesten oder Nordwesten: 8

Bewertung

Schritt 145

Der Verkaufstresen sollte möglichst keine Rundungen, sondern vorwiegend rechte Winkel besitzen.

Problem vorhanden? | j | n | Problem gelöst? | j |

Beschreibung: _____

_____
_____
_____
_____
_____
_____
_____
_____
_____
_____

Der Verkaufstresen hat vorwiegend rechte Winkel: 8
Der Verkaufstresen besitzt vorwiegend Rundungen: -8

Bewertung

Kommerzielle Räume

Schritt 146

Alte Akten sollten vorwiegend im Südwesten gelagert werden, während die tägliche Buchführung im Nordwesten verrichtet werden sollte.

Problem vorhanden? | j | n | Problem gelöst? | j |
Beschreibung:

Alte Akten sind im Südwesten: 8
Alte Akten sind in anderen Richtungen: -4
Tägliche Buchführung ist im Nordwesten: 8
Tägliche Buchführung ist in anderen Richtungen: -4

Bewertung

Schritt 147

Sie sollten ein Lager im Südwesten einrichten, das möglichst immer gefüllt sein sollte.

Problem vorhanden? j   n   Problem gelöst? j

Beschreibung: _____

_____

_____

_____

_____

_____

_____

_____

_____

_____

Gefülltes Lager im Südwesten: 8
Lager im Nordosten: -8
Lager im Westen oder Süden: 4
Lager im Norden oder Osten: -4

Bewertung

Kommerzielle Räume

Schritt 148

Der Besitzer eines Geschäftes sollte sein Büro im Südwesten eines Geschäftshauses einrichten und Richtung Osten, Norden oder Nordosten arbeiten.

Problem vorhanden? | j | n | Problem gelöst? | j |

Beschreibung: _____

_____

_____

_____

_____

_____

_____

_____

_____

_____

Chefbüro im Südwesten: 8
Chefbüro im Nordosten: -8
Chefbüro im Südosten: 8
Chefbüro im Nordwesten: 4
Chefbüro im Süden: -4
Chefbüro in anderen Richtungen: 0

Bewertung

108 Schritte - Arbeitsbuch

Schritt 149

Ein Konferenzraum wird am besten im Nordwesten eingerichtet, da im Nordwesten die Kommunikation gefördert wird.

Problem vorhanden? | j | n | Problem gelöst? | j |

Beschreibung: _____

_____

_____

_____

_____

_____

_____

_____

_____

_____

_____

Konferenzraum im Nordwesten: 8
Konferenzraum im Süden: -8

Bewertung

Kommerzielle Räume

Schritt 150

Computer, Klimaanlage und Kopiergeräte funktionieren am besten im Südosten.

Problem vorhanden? | j | n | Problem gelöst? | j |
Beschreibung: _____

_____
_____
_____
_____
_____
_____
_____
_____
_____
_____

Elektrische Geräte im Südosten der Räume: 2 pro Gerät
Elektrische Geräte im Nordosten: -2 pro Gerät
(Maximal +/-8)

Bewertung

Korrekturen mit Hilfe eines Spiegels

Schritt 151

Befindet sich in Ihrer Nachbarschaft ein sehr großes Haus oder eine Fabrik, so sollten Sie entweder Bäume pflanzen oder einen Springbrunnen zwischen Ihrem Haus und dem Nachbargebäude anlegen oder einen Spiegel an Ihrem Haus anbringen, der das gesamte Nachbargebäude reflektiert.

Problem vorhanden? j n   Problem gelöst? j

Beschreibung: _____

_____

_____

_____

_____

_____

_____

_____

Großes Gebäude oder Fabrik in Nachbarschaft : -8
Bäume dazwischen gepflanzt: 4
Spiegel plaziert, der das Gebäude reflektiert: 4

Bewertung

Korrekturen mit Hilfe eines Spiegels

Schritt 152

Weist die Ecke eines Nachbargebäudes auf Ihr Haus, so wirken durch diese Projektion negative Energien, die umgelenkt werden können, indem Sie an Ihrem Haus einen Spiegel befestigen, der die störende Ecke des Nachbargebäudes reflektiert. Dieser Spiegel kann auch verdeckt aufgestellt werden, um keine Störungen zu verursachen.

Problem vorhanden? | j | n | Problem gelöst? | j |

Beschreibung:

_____

_____

_____

_____

_____

_____

_____

_____

_____

_____

Ecke des Nachbargebäudes weist auf Ihr Haus: -8
Spiegel reflektiert die störende Ecke: 4

Bewertung

Schritt 153

Enge Gänge repräsentieren den Schattenplaneten Ketu und gelten als unglückverheißend. Sie können diesen Fall kompensieren, indem Sie auf beiden Seiten eines solchen Ganges Spiegel anbringen. Dadurch wird zusätzlicher Raum geschaffen und die energetische Situation ändert sich zum Positiven.

Problem vorhanden? | j | n | Problem gelöst? | j |

Beschreibung:

Enger Gang vorhanden: -8
Gegenüberliegende Spiegel angebracht: 8

Bewertung

Korrekturen mit Hilfe eines Spiegels

Schritt 154

Im Norden und Osten sollte sich möglichst viel Raum befinden. Insbesondere der Nordosten sollte frei und geräumig sein. Daher ist der Nordosten die einzige Ecke, in der Erweiterungen des Hauses oder des Grundstücks vorteilhaft sind. Sie können in diesen Richtungen (Norden, Osten und Nordosten) Spiegel anbringen, um dort auf diese Weise zusätzlichen Raum zu schaffen. Insbesondere wenn der Norden, Osten oder Nordosten zu eng sind, sollte diese Methode angewandt werden.

Problem vorhanden? | j | n | Problem gelöst? | j |

Beschreibung:

___

Norden, Osten oder Nordosten zu eng: -2 pro Raum
Spiegel im Norden, Osten oder Nordosten angebracht: 2 pro Raum
(Maximal +/-8)

Bewertung

Schritt 155

Spiegel können auch gegenüber fehlplazierten Eingängen aufgehängt werden, um die negativen Energien, die durch einen solchen Eingang Einlaß finden, zu reflektieren. Sie können auf einem solchen Spiegel auch ein entsprechendes Yantra anbringen, um die Wirkung zu verstärken.

Problem vorhanden? | j | n | Problem gelöst? | j |

Beschreibung: _____

_____
_____
_____
_____
_____
_____
_____
_____
_____
_____

Fehlplazierter Eingang mit Hilfe eines Spiegels korrigiert: 8

Bewertung

Auswertung

In die nachfolgenden Tabellen können Sie die Bewertungen der 108 Schritte für jeden einzelnen Schritt eintragen. Hierzu sind verschiedene Spalten vorgesehen. Sie können die Bewertungen für zwei getrennte Durchgänge in die Tabelle eintragen. Der erste Durchgang sollte am Anfang geschehen und stellt den Zustand des Hauses vor dem Ausführen des 108-Schritte-Programms fest. Die resultierende Punktzahl stellt dann für Ihr Haus den Maßstab dar, an dem es sich nach der erfolgreichen Anwendung der 108 Schritte messen wird.

Hierzu tragen Sie zunächst unter *1.B.* (erste Bewertung) die Punktzahl jedes einzelnen Schrittes ein, um ihn dann mit dem Gewichtungsfaktor zu multiplizieren. Das Ergebnis tragen Sie in der Spalte x ein. Durch den Gewichtungsfaktor wird die Bedeutung der einzelnen Schritte zueinander in Beziehung gesetzt.

Sie können dann die Zwischensumme jedes einzelnen Kapitels bilden und durch die Summe der Gewichtungsfaktoren teilen. Dadurch erhalten Sie den Mittelwert Ihrer Bewertungen für das jeweilige Kapitel, der immer zwischen +8 und –8 liegt. Ist dies nicht der Fall, so müßten Sie sich verrechnet haben. Dieser Mittelwert gibt Ihnen Auskunft, wie Ihr Haus in dem jeweiligen Bereich nach Vastu zu bewerten ist.

Zum Schluß zählen Sie die Punkte aller Kapitel in der dafür vorgesehenen Tabelle zusammen und bilden den Mittelwert des gesamten Programms, indem sie durch die angegebene Gesamtsumme aller Gewichtungsfaktoren teilen.

Nach diesem ersten Durchgang sollten Sie das 108-Schritte-Programm durchführen. Hierfür können Sie sich ruhig viel Zeit nehmen. Sicherlich wird es nicht möglich sein alle Veränderungen innerhalb von ein paar Tagen oder einer Woche vorzunehmen. Wenn Sie dann das Gefühl haben, zu einem vorläufigen Abschluß und einem zufriedenstellenden Ergebnis gekommen zu sein, können Sie erneut eine Bewertung vornehmen und diese nach dem bereits beschriebenen Muster in die gleiche Tabelle unter *2. B.* (zweite Bewertung) und x eintragen. Nachdem Sie die Gesamtpunktzahl und den Mittelwert ihres Hauses berechnet haben, können Sie diese mit dem Ergebnis des ersten Durchgangs vergleichen. Um wieviel Prozent hat sich die Gesamtbewertung verbessert? Spüren Sie und Ihre Mitbewohner diese Verbesserung? Ein großer Teil der Korrekturen des Vastu wirkt sich im allgemeinen sehr schnell aus (innerhalb von Tagen und Wochen), während einige Veränderungen erst über einen längeren Zeitraum (innerhalb von einigen Jahren) wirksam werden.

Auswertung

Das Grundstück

	Beschreibung	Faktor	1. B.	x	2. B.	x
8. Schritt	Bewertung der Grundstücksform	8				
9. Schritt	Unglückverheißende Gegenstände	2				
10. Schritt	Das Zentrum des Grundstücks	4				
Zwischen Summe	*Das Grundstück*	22				
Mittelwert	*Gesamtpunktzahl / 22*					

Der Nordosten

	Beschreibung	Faktor	1. B.	x	2. B.	x
11. Schritt	Reinheit des Nordostens	8				
12. Schritt	Hohe Bäume im Nordosten	6				
13. Schritt	Brunnen im Nordosten	4				
14. Schritt	Wasser sollte Richtung Nordosten abfließen	4				
15. Schritt	Gradient des Grundstücks	8				
16. Schritt	Zufluß von Wasser im Nordosten	4				
17. Schritt	Kein Schmutzwasser im Nordosten	6				
18. Schritt	Energien des Nordostens wahrnehmen	2				
Zwischen Summe	*Der Nordosten*	50				
Mittelwert	*Gesamtsumme / 50*					

Der Südwesten

	Beschreibung	Faktor	1. B.	x	2. B.	x
19. Schritt	Südwesten schwer gestalten	4				
20. Schritt	Im Südwesten sollte der höchste Punkt liegen	4				
21. Schritt	Negative Einflüsse im Südwesten?	4				
22. Schritt	Südwesten möglichst geschlossen halten	4				
23. Schritt	Lagerung der Kohlen	1				
24. Schritt	Lagerung von Baumaterialien	1				
25. Schritt	Balance zwischen Nordosten und Südwesten herstellen	1				
26. Schritt	Chakren auf der Nordost-Südwest-Achse	1				
27. Schritt	Kein Wasser im Südwesten	3				
Zwischen Summe	*Der Südwesten*	23				
Mittelwert	*Gesamtsumme / 23*					

Die Nordwest-Südost-Achse

	Beschreibung	Faktor	1. B.	x	2. B.	x
28. Schritt	Präsenz des Feuerelements im Südosten	2				
29. Schritt	Beweglichkeit des Nordwestens	4				
30. Schritt	Probleme mit dem Luftelement	4				
31. Schritt	Duftende Blumen	1				

Auswertung

32. Schritt	Energiediagonale Nordwest-Südost	2			
Zwischen Summe	**Die Nordwest-Südost-Achse**	**13**			
Mittelwert	**Gesamtsumme / 13**				

Energien des Grundstücks

	Beschreibung	Faktor	1. B.	x	2. B.	x
33. Schritt	Gesamtenergie des Grundstücks harmonisch	2				
34. Schritt	Hartmanngitter und Wasseradern	4				
35. Schritt	Schatten von Tempel oder Kirche	2				
Zwischen Summe	**Energien**	**8**				
Mittelwert	**Gesamtsumme / 8**					

Eingänge zu Haus und Grundstück

	Beschreibung	Faktor	1. B.	x	2. B.	x
36. Schritt	Der Haupteingang zum Grundstück	8				
37. Schritt	Der Haupteingang des Hauses	8				
38. Schritt	Haupteingang im Süden	2				
49. Schritt	Solides Haupttor	2				
40. Schritt	Blumen vor dem Haupteingang	1				
31. Schritt	Gegenstände vor dem Haupteingang	4				

42. Schritt	Schutz-Yantra für den Haupteingang	2				
43. Schritt	Eingangshalle zu dunkel	4				
44. Schritt	Tür nach innen öffnen	2				
45. Schritt	Größe des Haupteingangs	2				
46. Schritt	Haupteingang mit Küche verbunden	6				
47. Schritt	Türen	2				
Zwischen Summe	**Eingänge**	59				
Mittelwert	**Gesamtsumme / 59**					

Die Himmelsrichtungen im Gebäude

Der Nordosten

	Beschreibung	Faktor	1. B.	x	2. B.	x
48. Schritt	Bestimmung der eigenen Richtung	8				
49. Schritt	Nordosten des Hauses sauber halten	8				
50. Schritt	Hochwertige Tätigkeiten im Nordosten	6				
51. Schritt	Platz im Nordosten	4				
52. Schritt	Schwere Gegenstände im N, O und NO	2				
53. Schritt	Medikamente/Kräuter	2				
54. Schritt	Schuhe und Putzmittel	2				

Auswertung

55. Schritt	Anwendung auf alle Räume des Hauses	5				
56. Schritt	Korrektur des Nordostens	8				
Zwischen Summe	**Himmelsrichtungen**	**45**				
Mittelwert	**Gesamtsumme / 45**					

Der Südwesten

	Beschreibung	Faktor	1. B.	x	2. B.	x
57. Schritt	Gegengewicht im Südwesten	-				
58. Schritt	Südwesten geschlossen und schwer	7				
59. Schritt	Bewegung im Südwesten	4				
60. Schritt	Ahnenbilder	2				
61. Schritt	Schwerpunkt der Räume	6				
62. Schritt	Wasser im Südwesten	4				
63. Schritt	90° Winkel im Südwesten	2				
64. Schritt	Mauerwerk im Südwesten	4				
65. Schritt	Anwendung auf alle Räume des Hauses	5				
66. Schritt	Korrektur des Südwestens	8				
Zwischen Summe	**Der Südwesten**	**53**				
Mittelwert	**Gesamtsumme / 53**					

Zentrum, Südosten, Nordwesten, Osten, Norden, Westen, Süden

	Beschreibung	Faktor	1. B.	x	2. B.	x
67. Schritt	Das Zentrum des Hauses	6				
68. Schritt	Die Zentren der einzelnen Räume	3				
69. Schritt	Das Feuerelement im Südosten des Hauses	6				
70. Schritt	Der Südosten in den einzelnen Räumen	4				
71. Schritt	Korrektur des Südostens	8				
72. Schritt	Bewegliche Dinge im Nordwesten	4				
73. Schritt	Fahrzeuge und Fahrräder im Nordwesten	3				
74. Schritt	Gästezimmer, Büro und Lebensmittellagerung	3				
75. Schritt	Korrektur des Nordwestens	8				
76. Schritt	Nutzung der Morgensonne	4				
77. Schritt	Falsche Nutzung des Ostens	6				
78. Schritt	Korrektur des Ostens	8				
79. Schritt	Nutzung des Nordens	6				
80. Schritt	Korrektur des Nordens	8				
81. Schritt	Nutzung des Westens	6				
82. Schritt	Korrektur des Westens	8				
83. Schritt	Nutzung des Südens	6				
84. Schritt	Korrektur des Südens	8				
Zwischen Summe	Zentrum ...	120				
Mittelwert	Gesamtsumme / 120					

Auswertung

Einflüsse der Planeten der Elemente und feinstofflicher Energien

	Beschreibung	Faktor	1. B.	x	2. B.	x
85. Schritt	Planeten und bevorzugte Himmelsrichtungen	6				
86. Schritt	Ayurvedische Konstitution	2				
87. Schritt	Entspannung und Meditation	4				
88. Schritt	Ausgleich der weiblichen und männlichen Energien	-				
89. Schritt	Vastupurusha zum Energieausgleich ˇ	1				
Zwischen Summe	**Planeten ...**	**13**				
Mittelwert	**Gesamtsumme / 13**					

Die Fenster

	Beschreibung	Faktor	1. B.	x	2. B.	x
90. Schritt	Die Sonnenfenster	4				
91. Schritt	Die Mondfenster	4				
92. Schritt	Stärkung von Sonne und Mond	2				
93. Schritt	Yantras in Fenstern	-				
Zwischen Summe	**Fenster**	**18**				
Mittelwert	**Gesamtsumme / 18**					

Die Innenausstattung des Hauses

	Beschreibung	Faktor	1. B.	x	2. B.	x
94. Schritt	Spiegel	2				
95. Schritt	Waschbecken	2				
96. Schritt	Uhren	1				
97. Schritt	Bücher	1				
98. Schritt	Wichtige Tätigkeiten in Richtung Osten	6				
99. Schritt	Schlafrichtungen	6				
100. Schritt	Aufstehen	2				
101. Schritt	Türen und Schränke	2				
102. Schritt	Schränke	2				
103. Schritt	Proportionen	-				
104. Schritt	Keller	4				
105. Schritt	Krankenzimmer	2				
106. Schritt	Bilder	2				
107. Schritt	Wasser im Schlafzimmer	2				
108. Schritt	Treppenstufen	2				
109. Schritt	Torbeleuchtung	1				
110. Schritt	Entbindungszimmer	2				
111. Schritt	Haustiere	2				

Auswertung

112. Schritt	Lebensmittel im Südosten	6					
113. Schritt	Anzahl der Räume	1					
114. Schritt	Höhe der Veranda	2					
115. Schritt	Veranda im Nordosten	2					
116. Schritt	Gebrauchtes Baumaterial	-					
117. Schritt	Richtung der Toilettensitze	2					
Zwischen Summe	**Inneneinrichtung**	**56**					
Mittelwert	**Gesamtsumme / 56**						

Die Küche

	Beschreibung	Faktor	1. B.	x	2. B.	x
118. Schritt	Gäste in der Küche	4				
119. Schritt	Lage der Küche	8				
120. Schritt	Wasserinstallationen	4				
121. Schritt	Herd und Tür	6				
122. Schritt	Der Herd	2				
123. Schritt	Koche Richtung Osten	4				
124. Schritt	Lebensmittel in der Küche	6				
125. Schritt	Küche hinter Mondfenster	4				
126. Schritt	Fußbodengefälle	4				
127. Schritt	Eßzimmer und Küche	2				

128. Schritt	Elektrisches Kochen	2				
129. Schritt	Toilette und Küche	4				
130. Schritt	Luftzirkulation	2				
131. Schritt	Wandschränke	2				
132. Schritt	Zentrum der Küche	2				
Zwischen Summe	**Küche**	**56**				
Mittelwert	**Gesamtsumme / 56**					

Die Speisekammer

	Beschreibung	Faktor	1. B.	x	2. B.	x
133. Schritt	Lagerung der Vorräte	2				
134. Schritt	Lagerung von Ölen und Fetten	2				
135. Schritt	Wasserbehälter im Nordosten	2				
Zwischen Summe	**Speisekammer**	**6**				
Mittelwert	**Gesamtsumme / 6**					

Farben im Haus

	Beschreibung	Faktor	1. B.	x	2. B.	x
136. Schritt	In den Himmelsrichtungen	2				
137. Schritt	In Beziehung zu den Raumfunktionen	2				

Auswertung

138. Schritt	Planeteneinflüsse	2				
139. Schritt	Außenfarbe	2				
Zwischen Summe	Farben im Haus	8				
Mittelwert	Gesamtsumme / 8					

Kommerzielle Räume

	Beschreibung	Faktor	1. B.	x	2. B.	x
140. Schritt	Verkaufsrichtung	6				
141. Schritt	Fertige Waren	6				
142. Schritt	Schaukästen	3				
143. Schritt	Balken an der Decke	4				
144. Schritt	Der Verkaufstresen (Material)	2				
145. Schritt	Der Verkaufstresen (Form)	2				
146. Schritt	Buchführung und Akten	4				
147. Schritt	Lager im Südwesten	6				
148. Schritt	Chefbüro	6				
149. Schritt	Konferenzraum	4				
150. Schritt	Computer und elektrische Geräte	4				
Zwischen Summe	**Kommerzielle Gebäude und Räume**	51				
Mittelwert	**Gesamtsumme / 51**					

Korrekturen mit Hilfe von Spiegeln

	Beschreibung	Faktor	1. B.	x	2. B.	x
151. Schritt	Großes Gebäude in Nachbarschaft	4				
152. Schritt	Projizierte Hauskante	4				
153. Schritt	Enger Gang	2				
154. Schritt	Erweiterung im Norden und Osten	2				
155. Schritt	Eingangskorrektur	2				
Zwischen Summe	**Spiegel**	**14**				
Mittelwert	**Gesamtsumme / 14**					

Auswertung

Kapitelname	1.B. Summe	Mittelwert	2.B. Summe	Mittelwert
Das Grundstück				
Der Nordosten				
Der Südwesten				
Die Nordwest-Südost-Achse				
Energien des Grundstücks				
Eingänge zu Haus und Grundstück				
Der Nordosten				
Der Südwesten				
Zentrum...				
Einflüsse der Planeten				
Die Fenster				
Die Innenausstattung des Hauses				
Die Küche				
Die Speisekammer				
Farben im Haus				
Kommerzielle Räume				
Korrekturen mit Hilfe von Spiegeln				
Gesamtsumme				
Mittelwert: Gesamtsumme / 615 (oder / 564, falls keine kommerziellen Räume)				

Interpretation des Testergebnisses

Haben Sie Ihre Gesamtpunktzahl durch 615 geteilt, so ergab sich ein Wert zwischen +8 und −8. Falls Sie keine kommerziell genutzten Räume haben, so sollten Sie die Gesamtsumme durch 564 dividieren, um den gesuchten Mittelwert zu erhalten. Wenn sie zusätzlich einige Fragen nicht bewerten konnten, da der angesprochene Punkt für Ihr Haus nicht relevant ist, so ziehen Sie die jeweiligen Gewichtungsfaktoren von der Gesamtsumme der Gewichtungsfaktoren ab (d.h. von 615 bzw. 564) und teilen durch die korrigierte Gesamtsumme.

Liegt Ihr Wert zwischen −1 und +2, so leben Sie in einem spannungsgeladenen Energiefeld, das sowohl positive als auch negative Eigenschaften hat. Ein solches Haus besitzt im allgemeinen sehr viel Spielraum zur Verbesserung, so daß Sie durch die Durchführung der 108 Schritte leicht in den positiveren Bereich gelangen können. Unterhalb von −1 überwiegen die negativen Vastu-Eigenschaften bereits in einem Maße, daß Korrekturen sehr ratsam sind. Im Bereich unterhalb von −4 Punkten sollten Sie keine Zeit mehr mit der Durchführung des Programms verlieren. Verbessert sich die Bewertung durch die 108 Schritte nicht zumindest so weit, daß Sie in den positiven Bereich gelangen, rate ich Ihnen, sich mit einem erfahrenen Vastu-Berater in Verbindung zu setzen.

Im Bereich zwischen +2 und +4 leben Sie in einem positiven Energiefeld, das ebenfalls noch Spannungen aufweist. Liegt Ihr Mittelwert höher als +4 so manifestieren sich die positiven Aspekte des Vastu bereits im Detail.

Diese Bewertung gilt auch für jeden einzelnen Abschnitt. Versuchen Sie zunächst Ihre schwächsten Punkte herauszufinden und arbeiten Sie daran, Sie auszugleichen. Ein einziger schwerwiegender Defekt kann das gesamte Energiefeld überschatten, selbst, wenn er in der Bewertung nicht so stark ins Gewicht fällt. Daher sollten Sie vor allem auf die Schritte achten, in denen Sie hohe negative Bewertungen erhielten und die mit hohen Gewichtungsfaktoren ausgestattet sind (Gewichtungsfaktoren 5, 6, 7 und 8).

Auswertung

Bewertung	Bedeutung
-8 bis -4	Dringende Korrektur notwendig; Stark negatives Energiefeld
-4 bis -1	Negatives Energiefeld mit guten Korrekturmöglichkeiten
-1 bis +2	Spannungsgeladenes Energiefeld mit positiven und negativen Aspekten
+2 bis +4	Positives Energiefeld mit leichten Spannungen
+4 bis +8	Positives Vastu-Feld auch in den Details

Was ist der nächste Schritt?

Sind Sie durch das 108-Schritte-Programm hindurchgegangen und haben all die für Sie möglichen Veränderungen vorgenommen? Wenn ja, bin ich sehr gespannt, ob Sie das Gefühl haben, die Qualität Ihres Wohnraumes verbessert zu haben. Schreiben Sie mir von Ihren Erfahrungen und auch Ihre Vorschläge zur Verbesserung dieses Programms. Im Rahmen der Akademie „Burg Schöna" können Sie Seminare zum Thema Vasati besuchen und auch eine qualifizierte Ausbildung zum Vasati-Berater absolvieren.

Interessenten wenden sich bitte an die folgende Adresse:

Akademie "Burg Schöna"
Stichwort Vasati
Hirschgrund 94
01814 Schöna
Tel. 035028-80981
Fax 035028-80982

Vasati – Fernstudium

✓ Eine fundierte und systematische Wissensvermittlung. Im Grundstudium erlernen Sie in kurzer Zeit, die wichtigsten Grundlagen des Vasati, während Ihnen das Hauptstudium detailliertes Wissen vermittelt und Sie für eine professionelle Vasati-Beratung qualifiziert, die sowohl Analyse als auch Entwurf umfaßt.

✓ Sie werden während des Studiums durch einen qualifizierten Vasati-Berater betreut, der Ihnen während der Ausbildung zur Verfügung steht. Er korrigiert Ihre Arbeiten und beantwortet Ihre Fragen.

✓ Sie studieren unabhängig von Raum und Zeit. Der vorgegebene Zeitplan dient lediglich als Orientierung. Sie können Ihren persönlichen Zeitplan mit Ihrem Studienbetreuer absprechen.

✓ Sie erlernen zusätzlich zu dem überlieferten Grundwissen des Vasati Anwendungssysteme, die eigens unser Institut entwickelt hat.

Studienverlauf:

Grundstudium: 6 Lektionen (ca. 6 Monate)
Kleine Projektarbeit (1-2 Monate)
Hauptstudium: 12 Lektionen (6-12 Monate)
Große Projektarbeit (2-3 Monate)
Abschlußprüfung

Ziel des Studiums: Das **Vasati-Diplom (Veden-Akademie)** weist Sie als qualifizierten **Vasati-Berater** aus, der folgende Dienstleistungen privat oder auch geschäftlich nutzen und anbieten kann:

✓ **Baubegleitende Beratung bei allen Gebäuden**
✓ **Beurteilung und Korrektur bereits bestehender Gebäude**
✓ **Gestaltung von Büro- und Geschäftsräumen**
✓ **Korrektur bestehender Büro- und Geschäftsräume**
✓ **Vasati-Beratung für Innenraumgestaltung, Renovierungen, Umbau usw.**

Info: Akademie „Burg Schöna", Hirschgrund 94, 01814 Schöna
Tel. 035028-80981; 035028-80982

ISBN 3-931 652-65-3
gebunden, 168 Seiten
mit ca. 180 Abbildungen
DM 29,80

Marcus Schmieke

Haus, Mensch und Kosmos
Wie Vastu unsere Zukunft beeinflußt

„Haus, Mensch und Kosmos" vermittelt mit mehr als 180 Zeichnungen und kurzen Texten die Geheimnisse des Vastu, nach denen in Indien seit Jahrtausenden Häuser, Tempel und ganze Städte gebaut werden. Die Erfahrung Hunderter Generationen vedischer Baumeister und Architekten beweist, daß die Zukunft des Menschen sowohl im persönlichen und gesundheitlichen als auch im geschäftlichen Bereich von der Gestaltung seines Wohnraums beeinflußt wird. Dieses Buch zeigt Ihnen, wie Sie selbst das Wissen des Vastu anwenden und seine tiefgehende Wirkung erfahren können.

ISBN 3-931 652-64-5
136 Seiten · gebunden
mit zahlr. Abbildungen
DM 26,80

Marcus Schmieke

Das Yoga des Wohnens
Wohnen und Bauen nach den Gesetzen des Vastu

„Das Yoga des Wohnens" bietet einem Leserkreis, der durch bewußtes Leben sowohl das Heilsein der eigenen Person als auch das der Natur fördern möchte, ein effektives, ganzheitliches Architekturkonzept.
Vergleichbar Feng Shui, eröffnet es dem Menschen des abendländischen Kulturkreises die Möglichkeit, durch die Anwendung bestimmter Prinzipien bei der Gestaltung seines Wohn- und Arbeitsbereiches gezielt und kreativ die Lebensqualität im Alltag zu steigern.

Olivia Moogk

Geheimsymbolik des Feng-Shui

Das Buch „Geheimsymbolik des Feng Shui" ist die erste Veröffentlichung dieser Art, das die Macht der Symbole präsentiert.
Mit den Geheimsymboliken kann man Glück, Wohlstand, Gesundheit, gute Liebesbeziehungen und Kinderglück genauso anziehen wie Glück in geschäftlichen Angelegenheiten, Schutz und Macht.
Daß dabei Codierungen, die mit den Himmelsrichtungen zusammenhängen, eine nicht zu unterschätzende Rolle im Leben spielen können und Formen zu Resonanzen im Körperinneren führen, sollte Sie nach diesem Büchlein nicht mehr verblüffen.

ISBN 3-931 652-63-7
120 Seiten · gebunden
DM 19,80

Olivia Moogk

Beauty Feng Shui

Lassen Sie sich von der Feng Shui-Expertin Olivia Moogk in das Reich der Farbsinne, Inneneinrichtung, Ernährung und Bewegung einladen, und vertrauen Sie ihrer Kompetenz, die sie sich in China erworben hat. Schönheit wurde noch nie so ganzheitlich aufgefaßt und beschrieben, wie es dieses Buch tut. Folgen Sie auf Schritt und Tritt den acht Säulen der Schönheit, und seien Sie sich gewiß, daß Ihre Stärke, Ausstrahlung und Anziehungskraft steigen werden.

ISBN 3-931 652-70-X
136 Seiten · vierfarbig · gebunden
DM 49,90